给孩子"鱼" 不如给孩子"渔"

陈玲玲　果　果　著

世界图书出版公司

北京·广州·上海·西安

图书在版编目（CIP）数据

给孩子"鱼"不如给孩子"渔" / 陈玲玲，果果著 . —北京：世界图书出版有限公司北京分公司，2017.12（2018.10 重印）
ISBN 978-7-5192-3051-7

Ⅰ .①给… Ⅱ .①陈… ②果… Ⅲ .①家庭教育 Ⅳ .① G78

中国版本图书馆 CIP 数据核字（2017）第 125883 号

书　　名	给孩子"鱼"不如给孩子"渔" GEI HAIZI "YU" BURU GEI HAIZI "YU"	
著　　者	陈玲玲　果　果	
责任编辑	夏　丹　梁沁宁	
出版发行	世界图书出版有限公司北京分公司	
地　　址	北京市东城区朝内大街 137 号	
邮　　编	100010	
电　　话	010-64038355（发行）　64037380（客服）　64033507（总编室）	
网　　址	http://www.wpcbj.com.cn	
邮　　箱	wpcbjst@vip.163.com	
销　　售	新华书店	
印　　刷	北京博图彩色印刷有限公司	
开　　本	787 mm×1092 mm　1/16	
印　　张	14	
字　　数	150 千字	
版　　次	2018 年 1 月第 1 版	
印　　次	2018 年 10 月第 2 次印刷	
国际书号	ISBN 978-7-5192-3051-7	
定　　价	38.00 元	

"果妈总是有办法"系列的第一本书《给孩子句号不如给孩子问号》出版后，我收到了很多家长的来信、来电，咨询在育儿上遇到的问题和难题，倾诉为人父母的不易。在沟通过程中，我看到了很多父母大多数时候都不自觉地从自己的立场出发，想要去搞定孩子。

真的只有这样的处理方式吗？

有时候我们也应该听听孩子的想法。这正是我特意邀请我的孩子果果来合作写这本书的原因。在书中，我和果果就发生在他成长过程中值得记录的每一件事情，分别写了看法和感受。我愿意把我们之间发生的故事分享出来，让更多的父母能了解孩子的所思所想。这样，在遇到问题的时候，才能从孩子的角度出发，考虑他们的感受，学会理解孩子。

在对待孩子的问题上，我们都希望一招搞定，快速解决。可是，养育孩子是一个漫长而艰辛的过程，不能一蹴而就。我们要根据孩子不同的成长阶段、不同的情况，有针对性地去陪伴、去引导。

在写这本书的时候，我心中一直盘桓着这句话：授人以鱼，不如授人以渔。我是想传达一个基本的理念，我们应该教会孩子方法，引导孩子自己解决生活、学习上遇到的问题，乃至职业、人生规划，也放手让他们自己去掌握、去体会、去成长。书中的方法，是我在多年陪伴孩子的过程中，不断总结、思考并通过实践获得的。结合孩子的成长，我不断梳理处理问题时的过程和思路，发现正是对某些关键节点的正确处理起到了作用。我希望在书中，跟大家重点展示这些节点，以及处理的方法。

这几年，在陪伴果果的过程中，遇到的很多关键节点，我都一一梳理、记录，并结合果果的所思所想，在书中进行了详细的呈现。孩子成长过程中无小事，每一个重要的节点，都需要我们做父母的认真对待。我们要引导孩子去尝试自己解决问题，进而帮助孩子学会自己解决人生路上遇到的看似普通但很重要的问题。

我想用书中的故事和案例做引子，继续和爸爸妈妈们一起探讨，在我们面对孩子成长过程中的问题时，如何通过提问不断加深和孩子的沟通。让父母们在孩子的问题上都能做到有心、耐心、用心，最终让孩子自己拥有获得幸福的能力。

我们学习了十多年，才具备某一项职业技能，而作为爸爸妈妈的我们，没有经过任何的培训或者学习，就做了孩子的父母。所以很多时候，我们是需要不断地学习和完善的。

为人父母，这是一个终身事业，容不得中途退缩，我们只有不断学习，才能和孩子一起成长。父母教育得当，孩子才能健康快乐地成长。当然，每一位家长都是不同的，每一个孩子也都是独特的，我尽我所能分享有效的办法，但具体到各位家长自己如何运用，还需要家长们自己多思考。家长们只有不断摸索，才能找出适合自己和孩子的沟通方式，才能做好引导。

果果一天天在长大，发生的故事也越来越多，我希望和果果一起，继续写下这些生活中有趣的故事，分享给大家。类似的故事也许也同样发生在很多家庭，发生在很多孩子的身上，如果我们能用正确的方法去面对、去引导，关键时刻给予关键的支持，那么，所有的父母都能成为最好的父母，所有的孩子都能健康快乐地成长！

目录
CONTENTS

第3章 067

旅行即教育

第4章 107

独立与自主

第5章　149

社会交往与人际关系

第6章　177

家庭中的健康与安全教育

第 1 章

父母是孩子的第一任老师

每个人来到世界上，首先要做的事情就是学习，比如学说话、学走路、学拿筷子吃饭、学艺术等。每个家长也都希望自己的孩子能学习、会学习、爱学习，家长都绞尽脑汁、费尽心思培养孩子各方面的能力，但结果却参差不齐。

美国心理学家布鲁纳认为学会学习的实质就是掌握有效的学习策略与方法，摈弃失败的、无效的学习策略与方法。也就是说，不仅要学会，还要会学。只有会学习的人，才能感受到学习的乐趣，才能拥有学习的动力。

每个孩子都有适合自己的行之有效的学习方法，世界上没有笨孩子，只有找不到适合自己学习方法的孩子。所以在学习上要因材施教，要正确认识孩子，激发孩子的学习兴趣，找到适合孩子的学习方法，同时培养孩子良好的学习习惯。只有孩子把学习当成一种乐趣，在快乐中学习，才能学得更轻松，变得更聪明。

1 破译孩子的识字阅读密码
——果妈生活化识字与阅读方法

孩子的早期阅读不仅对孩子的识字和学习习惯的养成很重要，心理学研究也认为，早期阅读还是有效破解孩子精神密码的重要手段，可以更有效地激发孩子的潜能和完善孩子的个性。

果果有很好的识字和阅读能力，在同龄人中算是佼佼者，而这和他小时候日常生活中的识字和阅读启蒙是分不开的。果果小的时候，我很少刻意去教他识字和阅读，而是把识字和阅读自然地贯穿在生活中让他学习，因此，我也积累了一些引导果果学习的小窍门：

窍门一 识字从跟读开始

果果两岁的时候，如果我们一起出门，凡是看到有字的地方，我都会指着读给果果听，比如去银行时，我会指着上边的大字告诉果果："果果，这是工商银行。"

"工商银行。"果果会跟着读一遍。

进去后，我会再把钱包里的工商银行卡拿出来，指着上边的字继续读："工商银行。"果果也学我，用他的小手，一个字一个字地指，然后慢慢地一个个读出来。

回到家，我把几张不同的银行卡都放在床上，再考考他："果果，咱们去的是哪个银行呀？"小家伙噌噌地爬过去，小手拨拉着银行卡，然后把工商银行的卡高高地举起来。

接下来我把"银""行"两个字写在纸上，指着读给他。过几天后，把纸拿出来问他："银是哪个字？"果果很准确地指着纸上的"银"字。

经过这一连串的过程，果果就把"工商银行"四个字牢牢地记住了。

窍门二 让实物和名称建立关联

教果果认识动物名字，最好的时机就是去动物园的时候。在动物园里，果果很喜欢活蹦乱跳的猴子，这时我会指着旁边牌子上写的"猴子"两个字教他认，这样果果的记忆就非常深刻。

我还把家里很多东西的名字都写在纸上，然后贴在这个物品

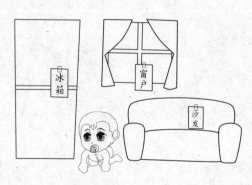

上，比如窗户、沙发、门、电视、电脑、桌子等等。一开始，我会指着上边的字大声地读出来，果果也会学着我的样子，指着字，大声跟我一起念。

等果果读熟了，我会跟果果玩一个名为"找朋友"的游戏。游戏时，我就把这些纸片全部拿下来，然后对果果说："果果，这些字和他们的朋友走散了，你能不能让他们都找到自己的朋友呢？"果果马上忙起来，非常投入，自己把纸片找出来，一一对应地贴在实物上。每贴上一个，我都会给他鼓掌。就这样，在和孩子一起玩的过程中，不知不觉就让孩子认识了很多字。

窍门三　调动孩子的感觉器官去识字并理解词义

人们记忆文字的方式是有差异的，有的人是实物与字关联，容易记住；有的人是图片和字关联，容易记住；有的人是看到这个字就可以记住。在教果果认字时，我会观察果果在记忆文字方面是属于哪种类型的，以便找到适合他的方法，同时，我也会尝试着让他调动不同的感官体验来识字。

比如去超市买蔬菜，我拿给他一根芹菜，问他："这是什么形状啊？什么颜色呢？"

果果告诉我："长的，绿色的。"

"摸起来什么感觉，是硬的还是软的呢？"

果果指着茎说，"这一截是硬的"，又摸着叶子说，"这是软的"。

"恩，硬的是芹菜的茎，软的是芹菜的叶子。"

我再让他闻一闻芹菜的味道，果果说"香味"。

最后我再指着标签上的"芹菜"读给果果听。

回到家后，把芹菜炒出来放到桌子上，果果又尝到了芹菜的味道。这样果果就从视觉、触觉、嗅觉、味觉几方面对芹菜有了全面的认识。

再比如认识"水"字的时候，也是让果果用手去触摸水，冰的水、热的水，都让他感觉到。这样，对这个"水"字，果果就有了更直观的感受。

窍门四　阅读从孩子兴趣出发

生活化识字之后，就是在生活中培养果果的阅读能力了。果果最喜欢车，我就把所有和车相关的画册、绘本、故事书都买回来。一开始，果果认识的字不多，我们就从图片开始，图片上画有卡车、火车、挖掘机、跑车等，我就让果果一一对应着图片认识这些车。然后

再开始阅读只有几个字的绘本。我把他抱在怀里，开着床头的小台灯，旁边放着舒缓的音乐，用手点读，读几遍之后他就记住了。后来我和果爸就扮学生，让果果扮老师，果果学着我的样子，拿着一本书，用小手点着，读给我们听。再后来，我们还分角色朗读，比如爸爸妈妈读大熊，果果读小熊。此后，再慢

慢地发展成他独立读下来每个故事。书的题材也一直在慢慢增加，在这样的阅读方式引导下，果果的阅读兴趣也慢慢被培养起来了。

窍门五　选书、读书、买书，持续激发孩子的阅读动力

果果长大一些后，我们从给他选书，到带他去书店，鼓励他自

己去选书，再到教他在网上书店里，通过内容简介、作者介绍、目录、评价等，来判断一本书好不好、值不值得买。我每次会给他几本书的预算，让他自己在预算内去买自己想读的书。

在选书的时候，我们最开始是把他带到书店。我们一家三口经常一待就是一天，果果在小孩子图书区域，我们在大人图书区域，各自读书互不干扰。这期间，我会时不时地到他附近，让他转换一下图书区域。这样一来，不仅可以让孩子休息一下眼睛，还可以让果果对各类儿童图书都有涉猎。只有都接触了，孩子才能选择更喜欢的书籍，才能知道对什么更感兴趣。

一段时间后，等买的书都看完了，果果提出再买一些的时候，我一般都会问他几个问题，如果几个问题都回答得好，才会允许他再买新书。问题一般会是："书里有没有你喜欢的句子？""你从这本书里学到了什么？""故事里你最喜欢的角色是谁？为什么？""能不能给妈妈复述一下故事？"等等。有些问题是考查对知识的记忆，有些则是引导他表达感受，有些需要他发挥想象力，还有些是锻炼他的总结和提炼能力。

因为只有回答好我提出的问题，才能去买新书，于是果果更加认真地看买过的每本书。他一边读，一边自己设想会被问到的问题，并试着自问自答，他会记住书里的知识点，还会自己给自己复述故事等等。后来，在他读完一本书后即使我们不提问，他也会习惯性地总结一下故事梗概，说说自己对这本书的感觉，有时还用自己的语言把书里的故事讲给我们听。所以，虽然我只是简单地提了几个问题，但触发的是孩子的主动思考和举一反三的能力。

有一回，他刚刚读完《水浒传》，过来找我，说："妈妈，你知道宋江为什么能成为老大吗？在梁山好汉里，最聪明的、最能打的可都不是他，我给你串串故事的主线吧。"接着，果果就把梁山好汉的背景是什么、为什么上梁山、为什么招安、招安的结果是什么，分析得头头是道。其实，这些就是我们问他问题时的思路，现在已经内化成他自己读书、看问题的习惯。后来，果果不管看什么事情，都会有很多自己的想法，我想这和他从小在阅读学习上培养的习惯是分不开的。

当时我还没有对果果进行写作方面的要求，不过因为他有一定的阅读量，同时也能够对一本书的内容进行思考，并且能够表达清楚自己的观点，这些其实也为他语文学习中的阅读和写作打下了基础。

窍门六　家校联动促进孩子各种能力提升

家庭培养孩子良好的阅读习惯，一定要配合着学校的教育一起进行。这样，不仅让孩子开阔了视野，丰富了知识，还培养了孩子自主学习和团结协作的能力，同时也让他更自信。

记得在上《长城》一课时，语文老师从多学科角度带着孩子去研讨这篇课文，给孩子们分组，设计不同的有意思的命题。每个小组从不同的角度来研讨，有军事方面的，有文学方面的，还有旅游方面的。

果果是负责军事方面的小组长。他回家后很兴奋，一回到家，就在书桌上写写画画，并不时地上网找资料，书柜里的书也七七八八地摊落在桌子上。他把跟军事相关的内容，比如长城的地

理位置、防御武器、烽火、边
防军区等各个方面分别进行资
料汇总。这个时候他的知识储
备发挥了作用，他甚至把家里
的中国历代地图都找出来了，
他最喜欢的兵器图片也都派上
了用场，互联网搜索的功能也被他发挥得淋漓尽致。最后他把长城
在军事方面的作用用翔实的资料和数据阐述得清晰透彻。

　　做完这些之后，他把小组成员召集到微信平台上，组建了一个
微信群，在微信群里大家一起探讨如何进行分工协作。最后达成共
识，有的负责画长城，有的负责阐述长城的地理位置及作用，有的
负责介绍长城上的防御武器，有的介绍边防军区都是哪些，还有的
介绍烽火。他们结合书本和课外资料来整理，并且分工明确。最后
作为小组长的果果，还要检查大家的任务完成情况，看看表述是否
到位，并一起探讨，改进，优化。

　　第二天，他们小组到老师那里汇报战果，老师根据他们的设计
和分工，再进行有针对性的指导，孩子们回家后再进行优化。果果
做完这些，觉得还不够，自己在家里又把其他小组的命题也模拟了
一遍，进行各种策划和设计，还给我和果爸表演他的导游词。他声
情并茂的小样儿，真是可爱。用他的话说就是，我先设计一下，然
后再看看其他小组是怎么做的，也好互相学习学习。最后他不仅在
语文课上给同学们展示了他们小组对长城的理解，也借鉴了其他小
组的创意和设计，开拓了自己的思路。

看起来只是一堂小小的语文课，但孩子的收获却是巨大的。这堂课不仅能够让孩子主动思考、主动查询资料、主动设计、主动组织，还提供了一个群体学习的环境，使同学之间能够互相学习，互相碰撞，极大地提高了孩子的参与度和学习兴趣。老师有针对性的指导，更是起到了画龙点睛的作用。另外，在团队协作上，果果作为组织者也能使每个孩子的特长得到发挥。他安排美术好的负责画画，安排喜欢兵器的介绍兵器常识，安排喜欢地理的介绍长城的位置。同时，果果还能兼顾检查每个孩子的任务落实情况，在不自觉中也培养了他的责任感。这样的语文课给爱读书且有一定知识面的孩子提供了一个展示的舞台，让他们更自信，也更喜欢阅读。所以，最好的教育是家庭教育、学校教育和社会教育三位一体，尤其家校互动更能完美地培养孩子。

果果语文老师判作文的方式，我觉得也很值得推广。学生写的作文，在老师评完后，还有学生之间的互评。写作文是一种能力，评判作文也是一种能力，并且看身边同龄人的优秀作文，比看作文书上的优秀作文，更能让孩子受到启发，并从中学习。

果妈说

识字阅读是快乐的，也是生活化的。

如今的很多家长都非常重视孩子的早期教育，很多人也都认为从小培养孩子识字阅读的好习惯，会让孩子的一生受益匪浅。从小注重培养孩子识字阅读的能力和兴趣对孩子一生的发展的确是非常重要和必要的。但是如果采取了不恰当的方法教孩子识字阅读，结果可能适得其反，会让孩子厌恶识字和阅读。

在教孩子识字时，我认为家长的耐心是最好的法宝，贵在坚持。另外家长还要随时发现生活中、阅读中孩子识字的契机，让他们在不知不觉中增加词汇量。教孩子识字，我认为最重要的是不要为识字而识字，不要把识字的过程弄得呆板、机械，充满紧张感，别让孩子害怕识字、厌烦识字，而要把这件事做得有趣一些。我们经常讲要创设阅读识字的环境，其实这些环境都在生活中，我们家长要做有心人。

关于阅读，孩子的阅读敏感期一般在四到五岁。我认为，对于小孩子的阅读，家长要改变"刻苦学习"的这个观念。阅读大可不必刻苦，而应该让孩子享受阅读的快乐。不要让孩子为了配合父母的目标，而沉浸在枯燥无味的认字过程中，体验着学习的辛苦，慢慢对学习开始失去乐趣，甚至害怕将来上学读书。如果父母能捕捉到孩子的阅读敏感期，及时地为孩子选择合适的读物，让孩子在游戏中进行阅读，培养孩子识字阅读的兴趣，就能使孩子养成爱读书的好习惯。其实，买书是一个很简单的事情，任何一个家庭，只要有一定的经济能力，都可以很方便地实施。但选择适合孩子年龄兴趣的书籍，让孩子快乐地读书，在读书过程中进行思考、想象，并能将读书心得分享出来，则需要我们做父母的多花些心思。

关于快乐阅读，我还有一点心得就是，要和亲子阅读结合起来。阅读也是一个享受快乐亲子时光的机会。我抱着果果，声调柔和、亲切，让他觉得阅读时光是值得期待的。早期我们一直是亲子阅读，有父母陪伴，果果的阅读兴趣也越来越高。当然，榜样的作用是很大的，尤其对于孩子，他们的行为大多来自对父母的模仿。如果父母经常看书，就会营造读书的家庭氛围，家长如果把读书当作一种乐趣，那么就会用自己的热情来感染孩子。如果家长经常与孩子在一起交流读书的方法和心得，鼓励孩子把书中的故事情节或具体内容复述出来，孩子的阅读兴趣就可能变得更加浓厚，同时孩子的阅读水平也将逐步提高。因此家长应该起好带头作用，给自己安排阅读时间，这是非常重要的身教，远远胜过言传。

 ## 果果说

大家好，我是果果，我妈妈说的这些事，其实我也有很多观点想和大家说哦！

先说一个小观点，文学这条路的起点就是认字，我认为我妈在识字这条路上给我的引导确实不错。

比如开始认字，妈妈指着床问我这是什么呀？告诉我"这是床，你每天在这上面睡觉的床"，让我用手摸摸，有什么样的感觉，用手敲一敲，是什么声音，躺上去是什么感觉，目的就是让我对同一件事物有多方面的了解，而不是单纯的认一个字"床"。她是跟生活结合起来教我识字的。

这让我想起来一个故事。有一个人跟伯乐学习相马，学成之后他去相马，结果他相中了一只癞蛤蟆，因为癞蛤蟆和他学到的良马的嘴啊眼啊等等都是一样的，他就认为癞蛤蟆就是一匹良马。大家都知道，癞蛤蟆肯定不是良马啊。是的，在识字过程中，我妈不仅告诉我这个字怎么念、怎么写，更会告诉我这个字对应的物品是什么样的，让我从多角度去看去了解去感受这个物品，不然的话，我也可能会把癞蛤蟆当成良马的。哈哈。

认识了字，接下来就是组词造句，再往后就是写作文啦。写作的基础是细心的观察、细腻的感受，还有大量的阅读，当然这些也是同时进行的。通过阅读，我们会学到很多好的写作手法、形象的比喻和一些典故，这些对写作非常有帮助。

最后，我想着重说说阅读，在这方面我妈妈给我的自主权比较大。阅读真的很重要！阅读的好处，第一，可以提高文学修养。有句话叫"腹有诗书气自华"，你有感觉了才能写出好东西。举个特别浅显的例子，看到太阳落山，鸟儿在飞，有人就会说："哎呀太阳下山了，还有好多鸟，真好看。"如果一个人读书读的多了，就自动会说出"落霞与孤鹜齐飞，秋水共长天一色"这样的句子，这就是一个人文学修养的体现。第二，拓宽知识面。比如今天数学老师让我们做了泡泡液的实验，然后写观察记录，同学们最多写个四五条，我写了十一条，除了写泡泡的形状、颜色、大小等，我还写了当表面张力改变的时候，泡泡的形状就会发生改变；当泡泡遇到冷空气，就会下沉；当泡泡的内外压强……我觉得这是我读书多的一个结果。

语文的学习，其实就是一个输入、转化、输出的过程。输入，就是学习知识的过程；转化就是处理知识的过程；写作，就是输出的过程。只有不断地输入、勤奋地转化处理、大量地输出，你才会有更宽的知识面和视野，自然也会写好作文，才能学好语文。

2 开启孩子数学潜能的钥匙
——亲子数学启蒙法

数学能力是孩子很重要的一项能力，生活中处处都有数学。

当孩子开始接触数字时，数字就像一连串抽象的符号浮现在他们的脑海里，如何让这些符号变成具体的概念，需要的是一个优秀的启蒙者。

可以把数学融于生活中的一些场景中，寓教于乐，让孩子在快乐中感受数学的魅力！

这里分享几个我和果果在生活中学习数学的小故事。

捡豆子、掷骰子、扑克牌24点

在果果一岁多的时候，我会经常和他玩捡豆子的游戏。我先来示范，然后让果果模仿我的动作，用小手指捏住，拿起来，再把豆子慢慢放到瓶子口，松手。我们在他旁边数着：一颗，两颗，三颗……这样的小游戏既练习了手指的精细动作，又潜移默化地让他听着"一、二、三"，有了数的概念。

和捡豆子类似的还有抓糖块游戏。因为果果从小很爱吃糖，见到糖块就很高兴，我们就按照他的兴趣，用小糖块开始教他数字。除了会数"一、二、三"，我们还告诉他，如果他一只小手一次能同时抓六块糖，就奖励他吃一块。于是果果高兴地每天都去抓着玩，有时一只小手抓满了糖，不敢松开，从指缝里看，自己小心翼翼地数一二三，一副憨态可掬的样子。这个游戏既练习抓握，还用小奖励的方法让他练习了数数。

　　后来，果果长大了一点，数数很熟练了，我们就和他玩掷骰子比大小的游戏。一开始用一个骰子，我扔一次，果果扔一次，然后让果果比较两个数，变化着标准让他来比。第一次是数字大的赢，谁大谁就用最快速度拍对方一下，第二次换成数字小的赢，赢家就亲对方一口。这样一边玩，一边练习数字的比较，慢慢地，果果从需要数着点辨认骰子的大小，到看一眼就能做出正确判断了。用骰子除了玩比大小，还能做加减法练习。我扔一个点数，果果扔一个点数，我们俩轮流做加减法，这样慢慢玩着，六以内的加减法不知不觉就熟练了，然后我再把骰子加到两个、三个，全家一起玩，果果的口算练习就在游戏中完成了。

　　等果果加减法都掌握了以后，就可以用比骰子数字更大、更复杂的工具，比如扑克牌。扑克牌数字多、图案丰富，还能用来做各种各样的数字游戏。开始的时候就是练习简单的乘法、除法，再大一点就可以增加些难度，练习复杂一点的口算。比如可以玩24点游戏，随机抽取4张牌，用加、减、乘、除算出得数为24。这个时候，家长和孩子还可以自己发明新的数字游戏，这样既满足了玩的乐趣，又潜移默化培养了孩子的数学能力，寓教于乐。

超市是最好的学习实践场所

果果小的时候，带他去超市，他看到所有零食都嘴馋，都想

买。于是我给果果10块钱，说："你可以自己拿一个小筐，在10块钱内可以随便买，但不能超过10块。"果果一开始对价钱没有概念，不知道10块是多少，就随便拿一些零食，结账的时候发现超出了好多，不能买，只能失望地把零食送回货架了。后来，果果学着看价签上的价格，找10块以内的零食，放在自己的小筐里。慢慢

地，果果学会把要买的东西的价格一个个加起来，一边逛一边心里记着数字，算着加减法，看还有多少钱。

不久后，果果就跟我抗议："妈妈，10块钱太少了，能增加一点吗？"

我说："预算不能随便增加，要不然，你自己想办法把钱加上去？"

果果不解地看着我，问："怎么自己加？"

因为果果当时正在学认字，我就说："如果能正确念出妈妈指着的一个汉字，就算一分，但不能重复得分，凑满10分就可以加一块钱。"

果果听了，高兴地说："可以可以。"

于是每次逛超市，果果都自己拿一个小筐，一边选、一边做口算，钱如果超过了，就拽着我沿着货架走，让我指汉字给他念，我从简单的到难的汉字一个一个指下去，果果把认识的字大声念出来，正确的就给他加分，不认识的问过我以后就暗暗记下来，下次特意找出这个字来让我考他。就这样，在超市用零食做"诱饵"，让果果学了好多新字，也练习了口算。

在生活小事中随时引导孩子，和孩子讨论一些数学问题，不仅能锻炼孩子的数学思维，还加强了金钱观念，最重要的是让孩子觉得数学题有趣、有用，从而能够积极主动地去想去学。

吃饭锻炼数学思维

我们去外面吃饭，有时候我也随机给果果出一些数学题目。

有一次去吃烤肉，饭店搞优惠活动，活动的规则是在会员卡里存1000块钱，可以送三样东西，100块的现金券、38块的汤、还有一次抽奖机会。我们觉得很实惠，就存了1000块钱，果果还去抽了次奖，抽中了一个价值168元的菜。

结账的时候，我想到这是个让果果算数的机会，就问果果："果果，想知道我们今天参加活动最后得了多少钱的优惠，应该怎么算呢？"

果果想了想说："就是赠送的100块现金券、38块钱的汤和168元的菜，总共306元。"

"卡里还剩多少钱呢？"

"存了1000元，加上赠送的100元现金券总共1100元，再减去今天吃饭花掉的，就是卡里剩下的钱。"

……

家校联动，进行思维训练

有一次，果果放学回来说："妈妈，今天的数学课是全校的公开课，老师在课上提问大家来着。"

"噢，你举手回答了吗？"

果果点点头，说："嗯，但是老师不是很满意。"

"是什么样的问题，给妈妈讲一下好吗？"

于是果果复述了一遍这道题："三种小动物的步行速度不一样，小鸭子10秒钟走20步，小兔子15秒钟走75步，小鸡6秒钟走24步，问：谁走得最快？很多同学都抢答，说可以把走的步数除以时间，得到每种动物每秒钟的速度，小鸭子每秒钟2步，小兔5步，小鸡4步，所以是小兔最快。"

"你是怎么回答的？"

"我说除了可以算每秒钟的速度来比，还可以把时间都换算成一分钟。小鸭子1分钟走120步，小兔子300步，小鸡240步，也可以得出答案。"果果兴致勃勃地对我说了他的方法，说完停了一下，又失望地说："老师说太麻烦了……"

我安慰果果："这个方法也能得到正确的答案，但比算每秒钟的速度，计算上复杂了一点，做题的时候更容易错，老师可能不推荐这种方法，但并不是错。"

果果嘟着小嘴，小声说："如果嫌麻烦，我也可以换算成半分钟啊……"

我被他的思路逗笑了，我继续问果果："果果，有没有想过这道题的核心是什么？"

果果皱了皱眉，说："比速度啊。"

"用什么方法比？"

"比每秒钟或者每分钟走的步数，谁多就是速度快。"

"对，那为什么题目里描述的方法比不了，必须换算成每秒钟或者每分钟呢？"

果果想了想，说："因为时间都不一样，没有一个标准，比不了。"

"说得对！也就是说我们把要比的几个东西，至少要在某一点上标准化。比如这道题里的时间和步数，一开始都不标准，在不同的时间段里各自算各自的步数，就看不出来谁快谁慢。但是放在一个时间标准里，就看出来了，这个时间标准是……"

"一秒钟或者一分钟！"

"对。那这么说来，果果你想想，比的是时间和步数，现在的方法是把时间固定比步数，那还有一种做法是……"

"明白了，把步数固定，比时间，算出小鸭子每步需要0.5秒钟，小兔子0.2秒钟，小鸡0.25秒钟，小兔子一步用的时间最短，所以最快！"

"太棒了！"我笑着说。

看着果果高兴的样子，我继续说："果果你看，做比较必须有一个固定的标准，没有标准就没法比。比如每个同学爱好不同，名字不同，爸爸妈妈不同，长相不同，每个人都是独一无二的。在什么情况下，每个独一无二的同学可以放在一起比呢？"

"考试呗，答一样的卷子。"果果脱口而出。

"对，还有体育测验啦，乐器考级啦，有标准答案的考试等等，都是有一个固定的标准在那里。这样就可以把大家放在一起，比较某方面的能力。"

果果若有所思地点点头。

脑筋急转弯学仔细审题

有一次，我们聊天的时候，我随意地问："果果，如果你拿着300块钱去买了一件150块的东西，请听题。"果果支起耳朵。

"第一个问题：还剩多少钱？"

果果笑着说："太简单了，300块减去150块，还剩150块。"

"第二个问题：找给你多少钱？"

果果愣了一下，刚想说话，又想了一想，一脸坏笑地看着我，说："妈妈，这个题是脑筋急转弯，找给我50块，对不对？"

我故意装作不明白他意思的样子，一脸无辜地问他："为什么不是150块啊？"

"因为没有300块的纸币，我买150块的东西只需要拿出200块，所以找给我50块。"

我终于憋不住了，大笑起来，果果一副得意扬扬的样子。我说："果果你看，问题里只差一个词，问的就完全不同了，试题里是不是也有这种的？"

果果说："对，有些题就是故意迷惑人。"

"看来，仔细听、仔细看别人问的问题是什么特别重要。"果果点点头。

果妈说

兴趣是最好的老师。

在数学方面，最初对孩子的引导主要是认识数量。可以从孩子感兴趣的方面入手，比如我从果果最喜欢的零食入手，让果果从买零食学到一些数学的应用。我并没有非常刻意地去教孩子加减法，而是给钱让果果买零食，吸引他去口算。还可以许诺一点小奖励，比如在果果数糖的游戏里，我给他糖的奖励。在游戏中，还可以增进感情，比如我们游戏里亲亲的奖励。

学龄前和小学低年级这段时间是孩子数学启蒙的最佳时期，让孩子学数学其实没有必要坐下来做很多练习题。生活中零零碎碎的小块时间那么多，在孩子数字敏感期的时候，每天利用一点点零碎的时间，让孩子循序渐进地去学习启蒙阶段的数学知识，是完全可以做到的。数学的学习，可以像语言交流一样，也用游戏的形式，贯穿在生活中。

用这种方式，既打牢了孩子的数学基本功，也锻炼了孩子的专注力。这样一来，孩子该玩的时候都在玩，又在玩中学习了数学。当然，这需要父母的耐心和坚持，以及对孩子适当的引导。

 果果说

大家好，我又来啦，对于数学我想说的是，数学是相当有用的学科。往小了说，日常生活中买个零食、买本书要用到数学，再大一点，我们喜欢玩的游戏也要用数学。你们知道游戏是怎么编出来的吗？哥哥姐姐都是用数学知识编出来的。再往大了说，火箭能够从地球飞到天宫二号，那用的是纯纯的数学功力啊！看吧，生活中几乎到处都有数学的影子。所以数学无处不在，我们一定要学好数学。

我是怎么学数学的，我妈妈已经写得很清楚了，其实还有好多稀奇古怪的玩法。记得以前跟妈妈一起还玩过一个游戏，把数、运算符号分别写在纸上，打乱顺序，随便抽，凑成算式，然后算结果，看谁算的快还准。我特别喜欢在那儿算啊算，玩得很有劲头。还有，我妈妈在生活中经常给我出各种数学难题，比如给我一个预算，让我去买吃的。我就得好好计算计算啊，哪些东西好吃又都能买到，得有一个符合预算又能一饱口福的方法，你说对我这个吃货来说我能记不住吗？

我们知道了数学很重要，爸爸妈妈又激发了我们学习的兴趣，接下来还是要老老实实刷题，多做练习，多角度思考，这样才能举一反三、深刻理解并熟练应用。一定要记住，千万不能只用眼睛看，还是要动笔做题的。

3 嗑瓜子也是一门技术活儿
——亲子游戏是最好的学习方式

动手能力的发展是孩子成长的基础，也是开发孩子智力的前提。父母应该怎样让孩子在玩的过程中提高动手能力呢？

孩子的模仿力特别强，如果父母能够带领孩子一起动手，孩子会出色地完成很多事情。

经常听有的家长抱怨自己的小孩很懒，吃瓜子不愿意自己嗑，需要大人剥好才吃。其实果果三四岁的时候也是这样，喜欢吃瓜子仁，总是拿起瓜子给我，我嗑好了，他张着嘴吃。下一个还是这样。我尝试让他自己来，但他笨拙地折腾半天也吃不到嘴里，但又着急吃，就放弃了，又拿给我，我嗑好剥好，他自自然然地就吃了，慢慢养成了习惯，也不愿意去学了。

终于有一天，我和他坐在一起，我提议："果果，咱俩用瓜子玩个小游戏吧。看妈妈，你能做同样的动作吗？"我把瓜子嗑开一个小口。果果从来没这样嗑过瓜子，觉得很新鲜，也模仿我把瓜子嗑开一点。于是我们俩一人一个，把瓜子嗑开小口放在旁边，他觉得很好玩，动作越来越快。

　　然后我说："果果你看，你继续嗑，妈妈把你嗑开的瓜子剥开，你就能吃上瓜子了。"于是果果把瓜子嗑开口，递给我，看着我把瓜子剥开，瓜子仁放在他的嘴里。再过了一会儿，看果果嗑得熟练了，我就和他交换动作，我把瓜子嗑开口，递给果果，果果试着模仿刚才我用手剥开瓜子的动作，一开始剥得很慢，他有点不耐烦了。这时我把我嗑好的瓜子喂到他嘴里，他吃到了好吃的瓜子，同时慢慢学着剥，就不再着急了。

　　看他剥得动作熟练些了，我说："果果，咱们玩个游戏好吗，你嗑开的给妈妈剥，妈妈嗑开的给你剥？"果果点点头，拿起一个瓜子，嗑开一个小口递给我，我剥开后，把瓜子仁放在果果嘴里，说："果果，妈妈爱你。"果果笑了，也模仿着把一个瓜子递给我，我嗑开小口，果果拿过去剥开，把瓜子仁放在我嘴里，开心地说："果果爱妈妈。"

　　我们一边嗑瓜子，一边聊天。我问："果果，嗑瓜子好玩吗？"果果一边嗑一边说："好玩。"我说："你看这么多的瓜子里，什么样的好吃？"果果看着手里的瓜子，说："鼓的、大的好吃，瘪的瓜子里面瓜子仁很小。"

　　我继续问："你看，瓜子有不同颜色，什么颜色的好啊？"果果凑近去看桌上的瓜子，说："浅色的好，深色的有的是苦的。"我说："深色的有可能是炒煳了，或者坏了的。"果果说："对，刚才有一个深色的上面有小洞，里面就是坏的。"

我递给果果一个瓜子仁，表扬他："果果观察得真仔细！那怎么嗑最好？"果果一边演示着，"这样放在牙中间，轻轻一咬，不能太使劲了。"一边说一边把瓜子嗑开一个小口子。我问："果果，那嗑多了瓜子，牙齿会不会有一个豁口啊？"果果笑着说："会，妈妈的牙上就有！""那为了保护牙齿，是不是应该少吃呢？"果果继续笑："对，或者每次嗑瓜子都换一颗牙来咬。"

"果果，你觉得是妈妈给你剥好喂给你的好吃，还是自己嗑的好吃啊？"果果想了想，说："自己剥的好玩也好吃。""那妈妈给的呢？""妈妈帮我剥的也好吃，我也可以给妈妈剥。""那买来就已经剥好的瓜子仁呢？""嗯……如果特别累就会吃，如果不累的时候就没意思，自己剥更好玩。"

我一边聊天，一边观察果果每个分解动作，发现他都熟练了，我就鼓励说："果果你现在能自己嗑好瓜子了，我们来个小比赛吧，看谁嗑得又快又好。"我们把每人嗑好又剥出来的瓜子仁各放一小堆，再数数，看谁剥的更多，然后送给对方吃。

果妈说

　　顺应孩子的天性，在游戏中掌握技能，培养能力，建立和谐的亲子关系。

　　在玩的过程中，孩子锻炼了手眼协调能力，增加了观察力、专注力，掌握了小技能，还和妈妈进行了愉快的亲子互动。

　　想让孩子学习一种技能，无论大小，最好设计一个场景，把动作分解成几步，让孩子重复熟练每个分解动作，再把动作连起来。中间有演示和鼓励，比如让孩子模仿自己的动作；在孩子着急剥不开的时候，嗑好瓜子喂给他，一边吃一边学，学得更快更轻松，还可以引导孩子对动作进行总结，整个过程也促进了亲子交流。

　　在亲子交流中，积极地去表达爱也是很重要的，让孩子理解，大人为孩子做事的出发点是爱。在喂果果吃东西的时候，我会加上一句"妈妈爱你"，果果也学着回应说"果果爱妈妈"。这种亲子间爱的传递，也需要学习和练习。比如给果果削苹果的时候，我会随口问："妈妈在干什么？""削苹果。""妈妈为什么削苹果？""因为要给果果吃。""那妈妈为什么削苹果给果果吃啊？""因为妈妈爱果果。"久而久之，孩子心里就形成了一个概念，知道家长帮他做一件事情，哪怕是一件生活小事，是因为爱他，而他也会学着用帮我们做事情的方式表达他对我们的爱。

果果说

　　小朋友们，你们都喜欢玩游戏吧，以下这段话可以作为你爸妈不让你玩游戏时的一个辩解词。

　　第一点，玩游戏能锻炼你的手眼协调能力。比如你玩平板电脑，你得一边盯着屏幕，一边操作前进后退左转右转，看的同时要迅速做出反应，选择攻击或防守，前进还是后退。

　　第二点，玩游戏大部分有输赢，从输赢可以让孩子有快速总结经验的能力。比如玩《愤怒的小鸟》，往高了打，它能飞得很高但是落得快，往低了打，能飞得远，有没有一个合适的角度呢？而且玩游戏经常是屡战屡败，屡败屡战，特别锻炼我们抗挫折的能力。

　　第三点，能让孩子很快速地进行学习。问你一个问题，你背课文速度快还是玩游戏的时候学习操作方法快？玩游戏时基本上只需要一次教程就迅速会了，背课文你要背几遍？是的，只要有趣好玩，我们就愿意学。

　　所以，以后你爸妈如果不让你玩游戏了，就对他说这些话，绝对有用。同理，不玩电子类的，玩其他的游戏也能非常快乐，并且能学会一些东西，看看我妈写的关于我嗑瓜子的事，就能明白了。

　　我还想对叔叔阿姨说：小孩子不是天生不爱学习，我们喜欢好玩有趣的事情，我们需要遇到挫折，也需要鼓励，更需要跟爸爸妈妈腻在一起，有空的时候要多陪陪自家的宝贝，跟我们一起玩，我们会很开心的。

4 查字典的学问
——学会使用工具和学习知识同样重要

孩子在看书和学习的过程中，遇到不认识的字词时，你是直接告诉他答案，还是让孩子自己去查字典？一般孩子查到字词怎么读就行了，果果查字典的方法却与众不同，他总是慢慢腾腾的，查一个字，需要20分钟，这是怎么回事？

小学生写作业，需要查字典，老师会考察每个人查字典的速度，大概需要多少时间，比如说48秒，还是2分钟？

果果查一次字典，一般都需要20分钟。

有一次果果在家预习功课，我看见他又拿起了字典。

我就问他："果果，为什么查个字要20分钟啊？"

他说："看到一个字我会先想想认不认识，然后拆分这个字的偏旁部首，查完之后我必须要认识这个字，然后开始组词，先预习。"

这下我明白了，比如"春天"的"春"，有：春天、春游、春风、春节，他会把自己知道的组词都想清楚了，再去查。查的时候会发现还有一些是他没想到的，就学习了。另外chun共有3个声调，

chūn chún chǔn，他会把几个声调的字和词都看一遍，无形中，又学会了好多生字，这样下来，有时候20分钟还没查完一个字。他查字典之前就思考，然后查完之后对照，看跟自己想的是否一样，一直到其他声调的生词都看一遍。这个过程很好地锻炼了他的思维拓展能力和主动学习能力。

在其他学科的学习上，果果也是这样。比如在学英语的时候，我们一直鼓励他通过查英英字典来学词汇，培养他用英文解释英文的能力，而不是简单地把中文和英文对应起来。这样的学习习惯，让果果在碰到自己不会说的英文词时，也能用已经掌握的词汇来解释和说明自己想表达的意思。

比如有一次，果果在和别人用英文对话的时候，想不起来"洗澡"这个词用英语怎么说了，一下子卡住了，顿了一会儿，他说："I mean washing my face, washing my hair, and washing my whole body, standing under the shower."（我的意思是在花洒下洗脸、洗头和洗全身）。这样一来，对方马上就明白了。

还有一次去外国旅行时，果果想问售货员退税怎么办理，但不会说"退税"这个词。果果不慌不忙地解释："After buying things, before leaving this country, we will go to a counter in airport, then some money of this product can be returned to our bank account."（买完东西后，在离境前去机场的一个柜台，商品的一部分钱退到我们的银行

卡上）。对方理解了，给我们开具了退税的单子，告诉我们如何办理，还把"退税"这个词告诉了果果。

学习英语时使用英英字典最大的好处是提供了英语的环境，看懂英文释义的过程也是用英语思考、用英语理解的过程，这里涉及一个英语思维转换的问题。另外，使用英英字典，让果果的语感有所增强，书面语和口语的表达更准确，语言运用得也更恰当了。一旦表达的时候忘记某个词的说法，他还可以自己用英文释义的表达来替代。不过，英英词典没有中文释义，适合中级以上水平的英语学习者。果果英语水平高出同龄人不少，所以我们才选择用英英词典。

果果在学习的过程中，不需要家长监督，不需要催促，就会自己主动去学，自己放开了去想，自己去搜索，自己去感知。他有这个自主能力，学习中遇到的一般问题，都自己想办法解决。很多家长问我，为什么你们家孩子这么积极？因为他在第一次问我们问题的时候，我们不会直接告诉他答案，而是把各种工具提供给他，比如中文、英文字典，电脑等，并帮助他学会使用，教他用网络搜索。到现在，他基本都不用我们操心了。这种发散的思维能力、主动的学习方式，就是这样培养出来的。

 果妈说

学会使用工具和学习知识同样重要。

梳理和总结在学习上取得成功的孩子的学习经验，不外乎恰当的学习方法和良好的学习习惯。

对刚上小学的孩子来说，最重要的就是培养孩子良好的学习习惯以及自主学习的能力。而这跟家庭学习环境的影响及家庭教育是分不开的。

就查字典而言，字典又称为哑巴老师，如果我们学会查字典，便不需要到处请教别人，打扰别人，可以自学生字、生词。平时我们一家人都有阅读的习惯，在看书看报的过程中发现不认识的字，从不轻易放过，拿起字典就查，不但要知道字的读音，还要知道字的意思，以及相关词组的意思。我给果果读故事书的时候，如果遇到不认识的字，也会立刻放下书拿起字典。在我们的影响下，果果自然养成了遇到问题就及时解决的好习惯。

很多家长在给孩子读故事书的过程中，遇到不认识的字，可能会觉得查字典太麻烦、耽误时间，就轻易地把不认识的字放过去，这样，孩子就会习得家长的做法，遇到问题不是去积极探索，而是选择逃避，或者被动地等待被告知。

孩子在自主探索学习的过程中，家长要给孩子足够多的资源和工具，并教会孩子熟练地使用。如果孩子看到不会的生字或没接触的事物拿起来就问爸爸妈妈，爸爸妈妈总是给孩子解决却不教方法，就会扼杀孩子自主学习的积极性。久而久之就会养成孩子不愿思考不愿动脑的习惯。

 **果果说**

小朋友们，你们都会查字典吗？查字典多简单啊，大家肯定都会。看了前面我妈妈写的文章，你们都知道我是怎么查字典的了吧。

我查字典花费的时间比较多，从长远来看是好的，可以多识字，可以更深刻地理解字词意思，为以后的阅读理解打好基础。但短期来看有点浪费时间，尤其到了高年级，时间就不太够用了。所以，最好还是自己量力而行。在低年级的时候，我还是推荐这个方法的。

至于英英字典，我也是大力推荐的。因为英英字典还会告诉你一些同义词词义的解释，比如embarrassed和awkward的中文意思都是尴尬，但英译英的时候他们会有不同的解释。最重要的是，如果你实在忘了一个单词怎么说，你还可以试着把这个词的意思说出来，别人也会懂你想说的。

我觉得这种查字典的方法最好的一点，就是让我养成了一个好习惯。不懂就要问，知其然，知其所以然。只有把事情弄懂了、弄通了，学习成绩才会提高。当然，这个方法对大家的自主性要求有点高，没关系，慢慢来，只要你觉得我说的是对的，坚持做，养成习惯就好了。祝大家学习快乐！

5 奥数学习之我见
——好方法决定好效果

奥数学习，社会上有各种观点。有的人认为对升学有用，必须学；有的人认为奥数能够锻炼孩子的思维能力，应该学；有的人认为奥数学习只适合很少的一部分孩子，没有必要所有人都学。到底小学生要不要学奥数？什么时候学？怎么学？

果果四年级之前都没有学过奥数，在之后经过不到一年时间的学习就考出了好成绩，背后的秘密武器是什么呢？

很多孩子小学一直在上奥数班，看着这些奥数班的孩子一年四个时段的学习，寒暑假都要上课，再加上知识晦涩难懂，大学毕业的人如果不学习都做不对几道题。一想到这些就头大，真心不希望自己的孩子这么辛苦，也真心不希望孩子跟奥数较劲。于是果果快乐地度过了四年级，没参加奥数的课外班学习。

果果到了五年级才发现，在"小升初"的过程中，很多中学的重点班对数学能力要求比较高。在平时学校普通的数学考试中，果果的成绩是很不错的。但是由于学校的课程内容比较基础，不足以应对比较难的考试。在几次参加重点中学的招生考试里，果果的数学成绩都不理想，从而错失了很多机会。痛定思痛，在现阶段的教育体制下，如果不学奥数，孩子在"小升初"时，无疑跟重点学校的重点班是无缘的。该怎么办？

面对升学的压力，果果自己也很希望能提高数学成绩，于是我决定用一年的时间来帮助孩子提高数学成绩。有的孩子从一年级就开始学奥数。果果要在一年内把这四年被拉开的差距弥补了，同时还得兼顾学习五年级的课程，对他来说这是一个很大的挑战。培根说，数学是思维的体操。我始终认为，对于孩子来说，学习数学最重要的是思维能力的培养，这种能力对于孩子是非常重要的，而不是为了学会解什么题。即使面对升学压力我也依旧坚持这个原则，我采取了一系列措施，培养果果数学的思维能力，最终他的表现也没有让我失望。

我们的方法是这样的。首先，我系统地了解了奥数的培训教材，发现，奥数的问题主要包括计算、计数、数论、几何、应用题等，因为果果已经五年级了，数学思维能力和学习能力有一定的基础，一年级、二年级的奥数题目比较简单，所以我们决定让果果从三年级的奥数教材开始学习。对于三年级全年的奥数教材，我们决定只花一个月的时间去攻破。

在学习的过程中，我们决定以他自学为主，锻炼他的自学能力，而不是老师一道道题地讲。这样，即使最后数学成绩没有提高到我们需要的水平，至少自学能力还能得到提高。

制定好学习计划之后，我们就开始考虑请家教。市面上的家教一般会分为这么几类：小学数学老师，中学数学老师，大学生家教，培训机构的老师。接下来，我就开始了一个浩大的工程：面试家教。这个过程中充分利用了我做人力资源工作时积累的经验。一开始是找了若干小学数学老师，我先让老师给我上课，然后从中挑选可能合适的老师再去给果果上课。后来发现，对于果果来说，小学数学老师讲的东西都太简单了，他需要学习更有深度的内容。然后第二波是中学老师，也是七八个，上过课之后，发现不是专门教奥数的中学老师在奥数思维方面还是有一定欠缺，也不适合果果。

我们没有灰心，接着又找了大学生家教。前后总共面试了十个大学生家教，最后选定了两个名校的大学生。这两个名校大学生，一个思维活跃，思维发散能力好，给果果讲课的时候，能够带果果从各个角度去思考问题。另一个大学生家教非常严谨踏实，能够带着果果一章一章地夯实奥数的基本知识。上了一段时间之后，我们发现果果奥数基础不好，思维难以发散，还是更需要打好基础，所以我们最后选择了第二个大学生家教。后来经过一圈面试，我还选择了教育机构的一个老师。这个老师上课以启发思考为主，灌输的解题方法倒不是很多，在他的一点点启发之下，果果对数学思维方法有

了新的认识。不同类型老师总共面试了40来个，最后我们选择了两个适合果果的老师，一个大学生家教和教育机构的一个老师，他们搭配着上课，一个负责夯实基

础，一个负责启发思维，二者平行进行。

对于老师，我也明确了考核标准和奖惩机制。在开始每个板块的学习前，要求老师提出教学计划，由老师来计划学习这一板块的时间。老师计划为十周学完行程问题，十周的学习结束后，由我在网上找三道本章节的小学奥数题，有三星、四星、五星的题（星数不同，题目难度不同），如果果果的解题思路没有问题就通过，即使出现计算错误也通过，主要强调的是思路的掌握。如果老师能让果果八周课就掌握，那后两周的家教费就作为对老师的奖励。如果孩子逾期还没有掌握，老师就继续上课，上到果果掌握为止。

在这种机制的激励下，老师上课的积极性非常高，也非常负责任。老师仔细研究孩子的特点，仔细备课，果果也很认真地学习。他们常常提前完成学习任务。果果也慢慢建立起了数学知识的框架和数学的思维模式。

就这样学习了半年左右，果果参加奥数考试已经能够拿到很不错的名次了。而半年前的他，参加奥数考试，从来都不及格。数学成绩的提高，对他后来参加重点中学重点班招生考试起到了很大的作用。

果妈说

知己知彼，百战不殆，好的学习方法决定了好的学习质量。

在孩子学奥数的过程中，我没有逼果果做很多的奥数题。在这期间，我选择了适合果果的学习方式、适合果果的老师，最终在很短的时间里，果果的奥数有了一个质的飞越。

当然，果果学奥数的经历，可能并不具有可复制性，每个孩子的情况都不一样，果果看似学奥数起步晚，但我们在日常的生活里对他数学思维的训练始终在进行着，所以遇到合适的时机、合适的老师、合适的方法，会有很大的提高。另外，也并不是每个家长都有我这样的工作背景和经验，我觉得对家长们有参考价值的有以下几个方面：

首先，我们要有意识地去选择适合孩子的学习方式，比如，看孩子现阶段适合小班授课、大班授课，还是一对一授课等等。果果因为时间紧迫，班级式授课节奏过慢，所以我们选择了一对一的家教课。家教也有不同类型、不同风格，家长应该根据自己孩子的具体情况来选择，而不是盲从，跟风去报一些班。在这个选择的过程中，可能也需要不断地试错，像我面试了40来个家教，才最终选到两个适合孩子的。有人可能会觉得我浪费了很多时间，但其实"磨刀不误砍柴工"，花时间去选择适合的老师、适合孩子学习的方式，就是"磨刀"的过程。

其次，可以和老师一起，共同制定一些提高老师教学积极性的措施。比如提出学习目标、制定奖励机制，这样有助于提高学习效率。

再次，选择老师的时候，我更注重老师的逻辑思维能力。老师讲清楚一个问题很容易，从a到b到c到d，每一步用什么公式，怎么来解决，孩子很容易理解并学会。但真正做起题来，如果弄不清楚，从a到b为什么用这个公式，为什么这么想，不这么想会怎样，还有没有其他思路可以解决，那么孩子就很可能听课听懂了，但题目稍微变形，就懵了，还是不会做。于是只能刷更多的题，通过更多的练习来掌握这个知识点，来应对这个知识点的各种变形。显然，这种刷题训练的方式不适合我们，一是我们没有那么多的时间，另一个，我总觉得如果数学学习沦为靠刷题量来解决知识点的问题，就太悲催了。我更希望孩子能提高数学思维能力，能举一反三、举一反六，这样才能保持孩子对数学的兴趣。所以，在选择老师的时候，我更关注老师是否能让孩子理解和掌握知识点间的很多分叉通路，是否能让孩子知其然知其所以然，而不是简单地把单个的知识点讲清楚。这点我认为很重要，否则，孩子只能靠刷题来解决问题。当然，学习数学，适当的刷题还是很有必要的。果果就因为刷题不多，有很多后遗症，比如做题速度慢、做题的准确率不高等等。

最后，还有一个小的心得，就是关于如何节省上课的成本。果果上课是大学生家教和培训机构的老师轮着上课。大学生家教的费用比培训机构老师的费用要低很多。而夯实基础这部分工作，由我们选定的大学生就可以胜任，不需要请培训机构的老师上课。这样整体的上课费用会降低很多。

果果这次学奥数，花比较少的时间，就能在奥数考试和一些难度比较高的考试中取得优秀的成绩，是让我觉得特别欣慰的一件事。不过更重要的，是果果在奥数学习取得突破的同时，并没有伤及他对数学的兴趣，这是我觉得更为高兴的一件事。

果果说

　　奥数啊奥数，相信它让很多小朋友愁眉苦脸，痛苦不堪，但又不得不学。因为"小升初"的时候，好的中学都要考奥数，所以大家爱学不爱学的，都要学。考上好的中学就有可能考上好的高中，考上好的高中就能考上好的大学，考上好的大学就能有好的工作等等。家长都这么跟小孩子说，所以小孩子就要从小学开始提前上各种课，哎……

　　我很幸运，爸爸妈妈在五年级之前没有要求我学奥数，但平时生活中的数学思维训练却没少。这些我都知道，我也觉得挺好玩的。你们可以让爸爸妈妈跟你一起玩各种数字游戏，这些我妈妈在书里都写了，这对思维能力提高挺有帮助的，对奥数学习也很有用。

　　我觉得学习奥数，有几点相当重要：

　　第一，要有动力。

　　比如我的第一动力就是考上一个好中学，说到这里我还有一把辛酸泪。在四年级的时候，我在一个重点中学的少儿班都进入试读阶段了，因为奥数没学，被踢出来了；在另一个重点中学的早培班进入复试了，因为奥数没学，又被踢出来了。于是，五年级的时候我的动力就来了，我一定要好好学，考进去！

　　第二个动力，就是可以在同学面前"耀武扬威"！呵呵，小孩子的虚荣心都是有的，我也不例外。

第二，要有一个好的学习计划。

我的情况比较特殊，以前没学过奥数，如果我按部就班地学习，肯定不行，所以我的学习计划就变成那样了——具体的我妈妈在书里都写过了，这里就不啰嗦了。不过，我要提醒大家，每个小孩都是不一样的，早计划肯定是最好的，但还要知道自己适合什么样的学习方式，这样接下来的学习才会顺利。

第三，选择一套适合自己的奥数教材。

奥数教材有好多，知识点都差不多，但里面的题就不太一样了，答案的解析也不一样。最好选解析比较好的，这样你不会的时候，相当于还有一个助教在帮你。另外，最好挑选各种星级的题都有的教材。比如有的重点中学，对奥数难度要求比较高，你在备考时就挑一些教材里难度较高，比如四星五星的题练习；如果备考有的中学，对奥数难度要求一般，但考试时题量大、时间短，需要学生做题时熟练准确，你在备考时就做三星四星的题，但要多做。

第四，要找一个适合自己的老师，不一定要找名师或者牛师，但必须你跟他的思路要对上，否则太痛苦了。比如我，偏好于思维而不是做题，就要找一个偏重于开发思维的老师，这样，一堂课下来我可以得到很多启发。要是当初找了一个逼着我天天刷题的老师，每个知识点如果不刷够题、遇见新的题型就不会做，那结果真是苦不堪言啊。那最后就没有奥数好成绩，只有眼泪了！呜呜呜……

最后，我要提醒小朋友们，不要学我，如果你想走应试这条路考到好的中学，一定要早点学，我就学晚了。我要是早半年学，成绩会更好。另外数学功力深了，对物理的学习那是相当有帮助的，我现在已经感觉到啦！小朋友们，加油！

第 2 章

比学习更重要的是品格

　　现在的小孩子一个个都是那么聪明伶俐，各种比赛中都有他们的身影，说英语、比奥数、秀才艺，他们的表现让我们大开眼界。可说到品性和习惯，有些孩子的表现却不像能力发展的状况那样令人满意。他们往往缺乏独立性、自主性，以及懒散、拖拉、不能坚持。

　　我们都知道智力开发要及早、及时，但我们也要清醒地看到，在当今社会，一个人如果没有良好的行为习惯和道德品质可能是一件更可怕的事。这方面如果有缺失，可能会造成孩子难以适应社会、融入社会、被社会所接纳的情况，以至于将来无法在社会立足或走上错误的道路。所以孩子小的时候，不仅要重视智力启蒙，也要进行道德启蒙。尽早培养良好习惯、进行品行教育，是家长们不能推卸的责任。

6 "交换"出来的道德认知
——勿以善小而不为，勿以恶小而为之

孩子小的时候，经常会互相交换一些吃的、玩的东西，是很好的分享，但有个基础，就是要在道德的准则下进行。

果果每天上学都会带一些水果中午在学校吃。他的很多同学也会带，中午教室里流行互相交换水果或零食什么的。

有一次，我在厨房洗碗，果果过来跟我说他同学带了一种糖特别好吃，让我也给他买一些。我一边洗一边问："是用水果交换的吗？"果果说："不是，是他给我吃的。"

我随口问道："哦，那是你的好朋友送的？"

"不是送的，因为我们俩等价交换来着。"

我很好奇，停下手中的活儿，看着果果："你用什么等价交换的？"

果果自豪地说："用我的劳动成果呗。"然后他详细地讲了这个过程。原来是这个同学忘了写英语作业，看到果果写了，问果果能不能给他抄一下，果果拒绝了。那个同学提出可以像交换水果那样，进行等价交换，用自己的糖来换果果的作业。果果想了想，就

给他抄了，然后得到了糖。

我听了以后，问："果果，你觉得这样的交换是等价的吗？"

果果想了想，说"我觉得是，因为他付出了一些东西，不是直接拿我的作业抄，如果那样就是不劳而获了。既然我的水果可以拿来交换，那我的作业作为劳动成果也应该可以啊。"

我想了想，说："果果，交换水果是等价交换，因为都是大家中午带的水果，性质也相似。但你写作业付出了时间和精力，以及通过作业学到了东西，你觉得糖和作业这二者是一样的吗？"果果想了想，没有回答。

"果果你知道吗，抄袭在很多地方都是违法的，就像考试作弊一样。"

果果委屈地说："但考试抄袭才是，作业不算吧。"

"老师平时不是总说，作业就是没有老师监督的考试吗？"

"也是……"果果沉默了。

"抄袭不仅发生在考试中，论文、实验数据、知识成果等等，如果抄了都要受到惩罚，是严重的舞弊行为。"

"我知道了。"果果一屁股坐到沙发上，嘟着小嘴，抠着手指，一副很扫兴的样子。我摘下洗碗的手套，走过去坐到他身边，把手搭在他的肩膀上，微笑着安慰他："我知道，果果的意思是，自己付出了劳动，用劳动换取自己喜欢的食物，对不对？"

"对啊，我没有想到事情有这么严重。"果果抬起头委屈地看着我说。

"但从另一个方面想，同学没有写作业而抄你的，什么都学不到，也让他觉得即使不写作业，只要用东西换也可以抄到作业，这样是不是害了他呢？"

果果想了想，说："也是，我明天就和他说，如果他不会我可以给他讲，但不能把作业给他抄了。"

"这个做法很好！"我凑近他，揉揉他的小脸，果果被我逗得咯吱笑起来。过了一会儿，他又问："但是，妈妈，那如果我给他讲题，他把糖给我呢？算不算等价交换？"

"如果是你出于善意，用自己的劳动帮助了别人，中间没有类似抄袭这种违反规则的事情，对方感谢你的礼物当然是正当的。但前提是对方真心实意地感谢，而不是你主动索取的。同学和朋友之间本来就应该互相帮助，如果是自己付出的劳动一定要得到物质的回报，就伤害感情了。"

果果点了点头，说："嗯，妈妈我明白了。"

还有一次，果果回来聊学校的事情时说："妈妈，学校已经不让学生带零食了，今天我发现有个同学偷偷带了。"

我笑了，说："看来小馋猫不少呢，你是怎么知道的？"

果果笑着说："我闻到啦！他坐我后面，他吃了花生巧克力，我一下就闻出来了！"我笑着轻轻捏了捏他的小鼻子，"原来你也是个小馋猫啊，那你怎么办了，提醒他了吗？"

"嗯,我提醒他不能带零食。他吓了一跳,不让我告诉老师。"

"那你告诉老师了吗?"

果果很认真地说:"没有,他说以后不带了,而且给了我一块,我们俩一起吃的。"我听了哭笑不得。

过了几天,果果晚上又聊到这个同学,说:"妈妈你知道吗,上次他说不带了,今天又带了巧克力,我又发现了。"

"这次你怎么说的?"

"我又提醒他来着呗,但这次他可没有给我一起吃哦。"果果忙着解释。

我好奇地问:"那你这次告诉老师了吗?"

"我有点想去,但没有来得及。"

我认真地问:"你这次想去汇报老师,是因为他吃零食,还是因为这次没有分给你一块呢?"

果果愣住了,想了想,说:"好像都有吧,如果这次他再给我,我可能也会和他一起吃。"

"果果,你想想,这是不是和上次换作业抄的事情有点像?"

"啊?哪里像?"果果一脸疑惑。

"都是'等价'交换啊。用糖换抄作业,用巧克力换你不告诉老师。"

"嗯……妈妈是说我这次又错了吗?"果果有点沮丧。

"如果从你这边看,上次是用劳动成果交换,这次是不是用'知道了他违反规则'的信息来交换?"

"嗯"，果果想了想说，"好像有一点。"

"还有，'可以告诉老师'的权力，对不对？"

"嗯，也有点。"

我说："果果，你看很多贪污受贿的案件，听着离咱们很远，其实大事都是和小事中一点点积累的习惯和思维方式有关的，如果自己有某种权力，要用这种权力来交换物质利益，或者用自己掌握的信息或者秘密，来从对方那儿换取利益，不就是一种贪污受贿的行为吗。"果果没说话。

"当然，用自己的知识和信息来换取报酬，是正当的，前提是用在正道上，必须是对人有所帮助，对社会有益的正当而合法的事情，如果这种'等价交换'用在邪门歪道上，就不叫'等价交换'了。"

"妈妈，我明白了。"果果若有所思地点点头。

后来，果果学校英语课上有个活动，老师让同学们分别带一些小玩具或者食物，课堂上发给大家一些虚拟货币，模拟小市场，用来练习口语。下课时，老师会让同学把"购买"的东西都物归原主，有的交换双方不想换回来了，老师就让大家自行协商处理了。果果用虚拟货币买了一个同学的乐高玩具，看来看去都很喜欢，就试探地问"卖家"同学能不能用"真钱"买下来，于是两个人商量了价格，果果付了钱，把玩具拿回家了。晚上，果果给我讲了这个过程，问："妈妈，如果是这种情况，算等价交换吗？"

我想了想，肯定地说："如果你们双方都自愿，价格也合理，两人都对交换结果满意，当然可以了。"

果果听了很高兴。

果妈说

坚守道德底线，再小的违规违纪的事都不能做。

儿童心理学家皮亚杰把儿童道德认知发展划分为几个阶段，每个阶段儿童对道德的认知都存在一定的缺陷，随着孩子思维的发展和程度的变化，孩子对道德的认知会更为客观和理性。孩子小时候，由于认知的复杂性不够，思维较为单一，因此他们对道德的认知总会存在各种缺陷和狭隘。身为家长的我们，在孩子还难以自行理性判断善恶好坏时，应该多给孩子分析，通过制定行为准则的方式，来规范孩子的行为，引导孩子的道德导向，避免孩子成年后造成某些道德准则的缺失和重大错误。

果果在模拟小市场的活动中，用现金购买同学的乐高玩具，双方协商好价格，一个获得金钱，一个获得玩具，双方对结果都很满意，所以这是一次成功的等价交换。

但是，在抄作业和同学偷吃零食的事件中，抄作业和偷吃零食这两件事本身是违反学校或班级的规定的，因此，在这两件事的基础上的任何交换，都是违背"道德"准则的，是不应该发生的。

果果从这几件事情中知道了什么是正确的等价交换，什么事情可以交换，什么事情不可以交换，脑子里始终都有个小杠杠，有自己的道德底线。

当孩子自己不能准确判断事件的道德界限，或者当孩子面临诱惑不能坚持道德的原则时，就需要我们做家长的来和孩子一起对具体事件进行讨论分析，强化他们的道德意识，约束他们的行为。"勿以善小而不为，勿以恶小而为之"，从点滴小事做起，让他们在生活中磨炼意志，提高他们自我控制、自我调节、自我转化的能力，从而养成良好的道德习惯，形成基本的道德准则。

在日常以及未来的生活中，孩子们将不可避免地遇到各种"交换"的情况，就像果果遇到的抄作业和同学私带零食事件，能否判断交换的性质、坚持自己的原则，考验的是孩子的品质，更是家长能否及时、关键、正确的引导。

关于交换的故事，其实并没有结束。

 果果说

生活里，我们可以交换吃的、喝的、玩具等，或者拿钱去买东西，这些都是合理合法的，但违反班级或学校规定的交换就不能做，触犯法律的交换当然更不能做。

我们国家惩治贪官，相信那些贪官最开始的时候也不是一下子就贪那么多的，应该也是从一个红包交换一个好处开始的。以后越贪越大，最后把自己送到了监狱里。所以不要以为贪个小便宜没什么，哪怕一件很小的事情，一旦养成习惯，就很容易积小成大，等到触犯法律的那一天，再意识到可就晚了。

所以小朋友们，一定要管住自己的嘴，不贪吃；管住自己的眼睛和手，不贪玩；管住自己的心，别让它长草。总想着占点小便宜，少写点作业，偷偷跑掉少做一次值日……这些都要不得。事情很小，但是积累多了，就养成了不守规则、贪小便宜的坏习惯，再往后就会越贪越大，从不守班级规矩、到不守学校规矩、再到不守社会规矩，最后就可能会触犯法律了。

那小朋友们可能会问，有时候就是特别想要一个东西，或者就是觉得别人的东西比我的好，特别特别想要，怎么办呢？来，让我告诉你，我小时候我的爸爸妈妈就告诉过我，在你特别想要一个东西的时候，就可以跟爸爸妈妈申请，只要理由充分，爸爸妈妈就会买给我们，或者爸爸妈妈会要求我们先做到一些事情，然后可以买给我们。你们也可以试试，先跟你的爸爸妈妈沟通。这个办法怎么样？

7 轮滑鞋跟我走
——自己的事情自己负责

　　孩子自己的事情没做好，爸爸妈妈一定要帮他们弥补吗？

　　果果幼儿园每周有一次轮滑课，上课当天要带轮滑鞋。一开始我们告诉他，轮滑鞋如果很重，家长可以帮忙提。但为上课准备东西，记着当天早上带好是自己的事情，不是家长的义务。后来慢慢地我就不再提醒他了。

　　有一天早上，果果到了幼儿园，突然想起来当天有轮滑课，但是他忘了带轮滑鞋。他着急地跟我说："妈妈，我忘带轮滑鞋了！第三节课才用，您快帮我取一下，然后给我送过来吧！"

　　"果果，我们说过，自己要带什么东西上课，是自己的事情啊。"

　　"我知道，可是我这回真的忘了，妈妈，你就帮我

取一次吧。"

"但妈妈现在要去办自己的事情，上班也不能迟到啊。"

果果失望地看着我，垂头丧气地向校门走去。

后来，幼儿园老师告诉我，当天果果因为没带轮滑鞋没法上课，只能站在操场边看着其他同学滑。

晚上果果回家，看起来不太高兴。我关心地问："怎么了？"

果果一脸不爽地说："没上成轮滑课呗，今天也有别人忘了带，就是家长给送过来的，您怎么不能给我送？妈妈是坏妈妈！"说完就扭过头去，背对着我。

我问果果："轮滑鞋是妈妈的还是你的？"

"我的。"果果小声嘀咕。

"那轮滑课是谁在上？"

"我。"

"那妈妈只是送你去上课，其他的和我都没有关系，为什么我要在自己有事的时候，还要帮你送轮滑鞋呢？"

果果低头不说话。

我继续说："自己的事情忘了，如果是有礼貌地请求别人帮忙，别人在能力和时间允许的情况下，可以帮忙。"

果果抬起头，抱怨道："对啊，妈妈有能力啊。"

"但你认为是妈妈应该做，而不是有礼貌地让我帮忙。你觉得这件事是家长的义务吗？"

果果小声说："不是……"

"你今天说让我去取，是礼貌地请别人帮忙的态度吗？"

果果沉默了一会儿没说话，之后，用我几乎无法听到的声音说："不是……"

看他难过又委屈的样子，我轻轻地把手贴在他脸上，把他的脸扭过来，语气柔和了一些，说："果果你看，你今天没上成课，是什么感觉？"

果果看了看我，又低下头说："站在操场边很冷，很后悔，一天都不高兴。"

"是什么原因造成的？"

"自己把事情忘了。"

"那怎么避免以后再有这种不高兴呢？"

"必须得记住带东西。"

"那我们想想怎么记住一件事，说说有什么办法？"

果果边想边说："嗯……可以让别人提醒我。"

"除了这个呢，还有什么是不依靠他人，自己能提醒自己的？"

"嗯……可以在用的前一天，把东西放在门口，第二天就不会忘了。"

我继续追问："对，还有呢？"

"或者写一个小条贴在门口，每天走之前看一下。"

"嗯！小条一定只能贴在门口吗？"

"不，还可以放在自己兜里，走之前拿出来看。"

我提醒他："也可以把要带的东西，要做的事情，都写在一起，每天看一下有什么。"

"对，不只是轮滑鞋，别的我也可以写下来！"

"还有什么方法？"

"嗯……如果是每天都要做的，就养成习惯，不用想也可以记着做了。"

"对，就像每天进门先洗手、做作业、收拾书包等等事情一样。"

我们讨论了一会儿怎么能不忘事情的方法。我又问果果："你觉得什么样的妈妈是好妈妈？今天帮你同学取来鞋的那个妈妈是好妈妈吗？"

果果还是带着怨气说："是！因为他就可以开心上课了。"

"那他会像你一样对这节课记得这么清楚吗？"

"嗯，那不一定，就是正常上课呗。"

"那他能像刚才我们俩那样，去研究出来很多帮自己记住事情的方法吗？"

果果想了想，说："不会。"

"果果，你觉得孩子提出什么要求都满足的妈妈好吗？"

果果想了想说："嗯，大多数时候是。"

"上次咱们去旅游的时候，朵朵每次要吃冰淇淋，她妈妈就买给她，你当时羡慕吗？"

"当然羡慕了。"

"但后来朵朵吃了太多冰淇淋，你记得她怎么样了吗？"

"记得，拉肚子了。"

"你记得不记得，当时其他家长也说朵朵不能吃太多凉的？"

"记得，有好几个人说了。"

"但孩子要吃，妈妈知道不应该吃，还是给她买，这样是好妈妈吗？"

"嗯……"果果停了会儿，"不是……"

"孩子要什么，家长是给好还是不给好呢？"

果果果断地说："要看那个事情对不对，对小孩好不好。"

"那我们再说说帮忙的事情。你今天觉得妈妈没有帮你忙，不高兴了是吗？"

"有点儿，因为时间来得及。"

"你觉得时间来得及，是觉得妈妈有时间，还是想的是你来得及上课？"

果果想了想，不好意思地笑着说："是觉得我上课来得及。"

"那今天妈妈没有帮你忙的原因，你觉得是什么？要怎样才能得到他人的帮助？"

"因为带鞋是我自己的事情，而且态度不好。要客气地问，而且要在别人有时间的时候。"

"假如今天妈妈和你一起出门，你上学，妈妈上班，我发现忘带东西，让你帮忙去取，你可以去吗？"

"可以，在我上学不会迟到的情况下。"

"如果是你提醒过妈妈好多次，但我还是忘了东西呢？"

"嗯……可能不会帮了，因为有点生气吧。"

"还有一种可能，如果我在我的房间，喊你过来帮我拿一个东西，你正忙着做作业或者玩游戏，你可以过来吗？"

"只要我当时不是特别忙，就可以过来。"

"但如果你过来，发现我只是坐着看电视，懒得站起来呢？"

"那不行，因为妈妈明明可以自己拿，不用别人帮助。"

"要是你没有做作业，没有玩游戏，正在闲着呢，可以帮吗？"

果果想了想，说："那也不行，因为这件事情你可以自己做，没必要我来帮忙。"

"对，所以除了看说话的态度好不好，你忙不忙，还要看什么？"

"还要看那人是不是可以自己做，不用帮助。只要自己可以做到的事，即使别人可以帮忙，也不用麻烦别人？"

"对。"

后来，果果慢慢学习着，自己准备上课用具，记着要参加的活动，安排每天要做的事情，再也没让我给他拿东西了。

果妈说

"自己的事情自己做"是责任也是一项行动。

我一直非常注重培养果果的独立性和责任感。"自己的事情自己做"不是一句口号，而是一项行动。我在日常生活中时时提醒果果，让果果知道有自己承担起责任的必要。

很多家长因为爱孩子就处处替孩子包办。其实，对于孩子的爱可以体现在很多的方面，但是孩子自己能做的事情就要注意不要插手，否则"自己的事情自己做"就仅仅停留在了口头上。家长要有意识地培养孩子独立承担责任的意识，这不可避免地在某些时候要表现得对孩子不那么热情甚至是有些狠心冷漠。虽然这样的举动会在一定程度上疏远和孩子的关系，但是只有让孩子体验到孤立无援的感觉，他才会懂得独立的意义。

为了减少这样的方式对于亲子关系带来的损伤，我通常会在事后积极主动地和果果沟通。这种沟通是建立在平等的基础之上的，而不是居高临下地说教，让果果遵守。要调动孩子换位思考的能力，这样才能让孩子懂得家长的想法，才有可能去体谅家长。诚然这种做法会让孩子对家长变得冷漠，这时候就需要在其他方面多给孩子爱，这也是需要注意的地方。

果果说

　　小朋友们，就像我以前上幼儿园忘带轮滑鞋一样，你们是不是也碰到过这种情况？比如今天上课要带美术用具，结果走到半路上或者上了第一节课了才发现美术用具落家里了，你会怎么办？找家长帮你带来？或者干脆就等老师骂你一顿，然后再去准备草稿纸写检查？相信大家都不会选择第二种，但是我们来看一下，第一种方法真的好吗？

　　我先给大家讲个故事，叫"竭泽而渔"。春秋时期，晋国要攻打楚国，君主问大臣狐偃怎么取胜，狐偃说可以通过欺诈的方法让他们上钩，然后再一举歼灭。君主又问大臣雍季，雍季说，把湖水排干了当然可以钓到鱼，但是你以后还能钓到鱼吗？打仗还是要靠实力。

　　后来晋国采用了欺诈的方法，果然打赢了楚国，君主要论功行赏，但奖赏雍季的却比狐偃更多，人们问为什么，君主说："狐偃的方法只是一时之利，而雍季的办法却是长久之计，我们哪能认为一时之计比长久之利更重要呢？"

　　我们把东西落家里了让家长帮忙取，说的就是同样的道理。你今天忘带了，有家长给你取，明天你还会忘记带，然后家长还会给你取，这样一次一次的，你就在做把湖水排干了去钓鱼这种事，结果当然钓不到鱼了，因为鱼没有了。但是如果今天你妈妈不帮你，你挨老师批评了，还写检查了，你当时会觉得妈妈是个坏妈妈，老师真讨厌，但以后你就会深刻地记住这件事情，以后就会想办法不挨骂不写检查，不给家长添麻烦，上学带好学具，养成好习惯。你们说对吗？

对于我妈妈的做法，我当时是很不理解的，因为我遇到困难她不帮我，而别的妈妈虽然也会批评自己的孩子，但还是会帮助孩子解决问题。当时我觉得我的妈妈是个坏妈妈，别人的妈妈都比我的妈妈好，但放学后听了妈妈跟我说的话，我就理解妈妈了。现在我长大了，自己能把自己的各种学具准备好，能够每天出门前看天气预报，准备好适合当天天气的衣服，以及出国旅行也能自己收拾箱子，能自己照顾自己，再也不用让妈妈操心了！我们的爸爸妈妈上班已经很辛苦了，如果我们能什么事情都自己做好，不让爸爸妈妈操心，这也是我们爱爸爸妈妈的一种方式！你们说对吗？

8 踩水很快乐，刷鞋很烦恼
——让孩子对结果负责

我想任性就能任性，行吗？当然可以。我想快乐就快乐，行吗？当然可以。只要能承担任性和快乐背后的责任，那就可以。

小朋友对水总有与生俱来的亲切感。淋雨、踩水坑，各种和水相关的游戏他们总能玩得不亦乐乎。果果小时候也是这样，一到下雨天，走在路上的时候，总是喜欢踩水坑。有一次下雨之后，我牵着他的手走在路上，他看见路边有一洼积水，就挣开我的手跑进水坑，在里面蹦蹦跳跳。水花溅得越高，他笑得越欢，踩得越有劲。等他玩累了，鞋子都被脏水浸湿了，也溅上了泥点。

我把他拉到一边，问他："你为什么要踩水坑啊？"

果果边抹着脸上的水边说："好

玩儿啊。很开心！"

"那你想想，除了好玩，很开心之外，踩水会不会带来什么麻烦？"果果想了想，说："鞋子袜子会湿会脏。"

"对，那你的小脚丫在湿湿的鞋袜里面是不是会不舒服啊？"他看着我点了点头。

"那你想想，踩水然后穿不舒服的湿鞋，和不踩水继续穿舒服的鞋子相比，你选择哪个？"我又问。

"选踩水！"他毫不犹豫地说。

听到他的回答，我哭笑不得，不过还是定了定神，继续问："那鞋子袜子脏了怎么办？"

"回去妈妈帮我洗。"

"如果是你正常地穿鞋子弄脏了，妈妈愿意洗。你现在是故意踩水害得鞋子脏了，妈妈刷鞋就不快乐了。你看你踩水快乐，妈妈刷鞋会不快乐，怎么办啊？"

他嘟起小嘴，说："可我也不会刷啊。"过了一会儿，他又说，"要不妈妈教我怎么刷吧。"我答应了。

于是回去之后，他就在卫生间"洗刷刷"。在我的指导下，他拿着鞋刷子，蘸着肥皂水，捣鼓了半天。洗袜子也是费了老大劲，他搓得台子上、镜子上满是泡沫，才终于洗干净了。干完活之后，他瘫坐在沙发上。

后来，下雨天走在路上，又见到小水坑，我打趣地说："果果，看那边的小水坑。"果果跳到我前面，双手交叉放在胸前，说："我可不想再刷鞋了！"我在心里偷笑。

果妈说

快乐、任性是要承担后果和责任的。

很多时候,做事之前,我们要教会孩子对可能的风险和后果进行预估,让他去思考,再决定接下来的做法。一方面,他有了预估之后,就可以尽量规避坏结果,避免一些麻烦。另一方面,同样也是非常重要的方面,有了这个预期,孩子就不会变得那么患得患失,心态容易变得更轻松。

举个例子,果果"小升初"时,参加重点中学A的招生考试,考试前夕,我问他担不担心考不上A中学,他说:"没关系,考不上A我去B中学也不错,B万一去不了还有C中学。总有一个中学适合我,有时候不是我不优秀,而是这所学校的选拔机制不适合我。"

他已经对自己有一个客观的认知,并学会对后果进行评估了,所以应考时心态轻松最后考上了A中学。即使最后没法规避不良的后果,没考上A,这也在他的预期之内,相当于是有心理准备,所以他不会因为不良后果的发生而非常沮丧,可以相对平静地接受不良的后果,不会出现过激的表现。这对孩子成长路上的心理健康也是有意义的。

当然,有时孩子对后果风险的评估不一定十分准确。作为家长,如果试错成本不是太高的话,我们可以给他试错的机会,这样他会对后果理解得更深。比如，让果果踩水，因为他觉得踩水很快乐，但之后必须由他自己来刷鞋。

记得一次外出旅行，在酒店大堂里，他忽然对旋转门感兴趣，在里面转来转去，过了一会，他又发现旋转门的玻璃特别亮，就用小手贴在上面，只一会工夫，上面就多了数只小小的手印。他自己在里面忙得不亦乐乎，还骄傲的指给我看。

我把他拉到一边，让他在玻璃旋转门边上站着，他直问我为什么要在边上站着，我没说话，只是让他乖乖地站在旁边。过了一会儿，只见一个保洁员过来，拿着擦洗工具清理他的小手印，忙活了好一会才清理完毕。果果在旁边看到了这一切，低着头跟我说，他知道自己错了。我问他错在哪里，他说他很快乐，但给别人添麻烦了，下次再也不这样做了。

在这个过程中，我没有干预他快乐的过程，因为一个孩子专注地做一件事情是很可贵的。我珍惜这份专注力。之后，我也没有过多的去批评指责孩子，而是让他自己去发现，自己哪里做错了，这样对他的心灵才会产生影响。

 果果说

每个小孩都喜欢想怎么做就怎么做，想干什么就干什么，不高兴了就哭，高兴了就笑。好像这才是小孩应该的样子哦。

不过因为有个果妈，我过得就不那么任性了。踩个水，可以，但要自己刷鞋；玩个转门，果妈还要让我看保洁阿姨的辛苦，这哪是小孩子应该有的生活啊！在这里，我想呐喊：我要当任性的小孩！我要当任性的小孩！我要当任性的小孩！重要的事情说三遍！

但小孩终究要长大，长大了，怎么办？还任性吗？继续任性，想咋地就咋地，不顾别人的感受，自己高兴就好？这样可以吗？往小的方面说，在家里，这叫"不孝顺"。另外，在班级里，同学们都不喜欢你，不愿意跟你玩，甚至中队委选举的时候，大家也不会投你一票。往大了说，将来开公司了，大家都不愿意跟你做生意。因为你只顾自己高兴而不会替别人考虑，不去承担你的责任，履行你应尽的义务。

所以，我们长大了，读书识字懂道理了，我们就不要任性了！这样，你会发现，有很多很多人愿意跟你交朋友，跟你一起玩；走到哪里，大家都欢迎你！这样多好啊！

第 3 章

旅行即教育

旅行是成长的一部分。

旅行可以遇见美丽的风景。

旅行可以遇见有趣的见闻。

旅行可以遇见丰富多彩的世界和更好的自己。

对于家庭教育来说，旅行不仅是孩子增长知识和见闻的绝好机会，也是孩子成长和锻炼的最佳机会！

旅行中的每一个机会，都会变成孩子成长和进步的阶梯。

既然这样，我们何不多花些心思，多做些准备，让孩子在旅行中更好地成长和绽放！

9 爸爸妈妈变"隐形"
——给孩子独立设计、规划、实施的机会

旅行之初、旅行之中，孩子的爸爸妈妈如果能够适当地"隐形"，把一切交给孩子全权处理，对孩子的锻炼效果可是棒棒的！

遴选旅游目的地

果果上小学四年级的时候，终于又快到小长假了，小长假之前，我提议全家去外地旅行，果果高兴地说："好！去哪里？"

我想了想，说："果果，以前每次旅游都是家长带着你走，这次由你来做主，安排这个假期怎么样？你就当爸爸妈妈是隐形人，你带着爸爸妈妈去旅行。"

果果听了，很兴奋地说："太好了，那咱们去杭州和南京吧！怎么样？"

我点点头，说："当然可以，这次由你全权安排，可是，你为什么想到去这两个地方呢？"

果果激动地说："看了书以后，特别特别想亲眼看一下岳王庙

和明孝陵！"

我想起来了，这段时间果果迷上了明朝历史，一直在看《明朝那些事儿》《明实录》之类的书籍，同学来家里玩的时候老听到他们在热烈讨论这些，平时他也时常跟我讲一些相关的历史小故事。

精心设计旅游攻略

旅行计划交给果果安排后，我经常偷偷观察果果的准备工作。他早早就做起了功课，包括在网上找这两个城市的旅游攻略，在图书馆借来了一些旅游指南书，最后总结了一份攻略，走之前还跟我们俩大致讲了一遍行程。

在预定交通和住宿时，他时不时地询问我们的意见："妈妈，你们是喜欢坐飞机还是高铁？"我说："都可以。你是怎么考虑的？"

他说："嗯，我查了价格，高铁比全价的机票便宜，但如果能找到打折的机票，就是飞机更好。"我提醒他："嗯，但除了价格，还要考虑出行的时间。"

"对，高铁的时间都是白天，坐车时间比较长；便宜的机票大多是特别早的或是夜里的航班，坐飞机的时间短，票价更便宜。"

"看时间不能光看点对点的时间，还应该考虑坐高铁、飞机之外，咱们去高铁站，去机场的时间。"我点到为止，让果果思考。

果果很快明白了："哦！咱家离机场远，去机场的话要很久。离高铁站就很近，差不多半小时就到了，并且到那之后咱们要去的景点也是离高铁站近些。打车去也便宜。这么算下来的话，嗯……"他开始心算，"那还是坐高铁！"

"你还应该考虑白天黑夜的问题。如果坐高铁的话，白天坐车，这一天就不能游览景点了。"

后来他还发现便宜机票改签非常麻烦，综合考量各种因素之后，他选定了不耽误白天太多游览时间的高铁票。

之后，他又来跟我们商量住宿的事："爸爸妈妈，你们对酒店的星级有什么要求，价位多少？"

我想了想说："最好在西湖附近，卫生、安全、舒适，价格适中。"

果果一边在网站上查询，一边说："我也觉得西湖边上很好，我查查能看到湖景的酒店，再看看评价。"查完之后他选了三个酒店，再来征求我们的意见，最后敲定了西湖旁边的有百年历史的一家酒店。

果果根据网上查的资料，做了交通费、住宿费、门票费的预算，剩下的钱他用于安排餐饮、买纪念品和娱乐活动。在我给他的预算中，他还特意留出几千块钱没有安排。我问他为什么这么做，他说："万一出现什么意外情况，有这剩余的钱可以应对一下。"

细心准备出发

在行李准备方面，果果一早列出了自己要带的东西，还特意给我看了一下，我看后表扬了他："准备得很好，妈妈想到的，你也想到了。"

果果骄傲地说："那当然了，每次旅游带的东西，我都记住了。"

"旅游都需要带什么东西，你总结过了吗？"

他掰着手指开始一个个数起来："一般的包括证件、钱、银行卡、手机、相机、洗漱用具、换洗衣物、数码产品的充电器之类的，还要准备一些常用药物。"

"对，那每次带的东西都一样吗？"

果果想了想："不会，气候不同的地方就不一样，如果和出发地温差很大的地方，还得带上不同季节的衣物。"

"对，还有什么特殊的吗？"我再问。

"如果是出国，就要准备外币或者外币卡。还有转换插头，这个很重要，上次就忘记了……"果果吐了吐舌头，接着说："还有，要带上笔记本做笔记，写旅行日记，如果有目的地的攻略书也最好带上，我还带了能随时上网的平板电脑。"

出发前，我问果果："杭州、南京当地的交通，不知道方便不方便？"

果果胸有成竹地说："妈妈放心吧，我已经下载了两个城市的旅游地图，输入所在地和目的地，就能很快找到正确的路。而且我已经查好了高铁站到酒店的线路了。"

旅途中的各种事让果果操碎了心

因为在准备攻略的时候查阅了很多资料，所以游览每个景点的时候，果果都能随口说出相关的故事和典故。他这趟旅行不是走马观花地游览景点，而是带着虔诚和崇敬，仔细地欣赏。这种对于文化和历史的认真态度，让我和果果爸爸都很感动和欣慰。

途中果果发现忘了做导游费预算，正好他之前留了两千元预算应急，便轻松地解决了这个问题。我表扬了他预留备用金的做法。我们在岳王庙请了一位付费导游，在讲解中，果果惊喜地发现导游讲的东西他全都读过，后来他骄傲地跟我说："妈妈，这几个地方我们可以不用请导游了，我可以自己当了，可以省很多钱。果然知识就是金钱啊！"

在宾馆里，连续几天晚上我和果果爸爸已经躺下睡觉了，果果还坐在桌前对着电脑确认第二天相关景点的资料、路线。每每想到那个画面，想到果果可爱的背影，都会有一股暖意袭上心头。

后来果果在景点给我们讲解的时候，其他的游客也过来旁听，还有几个游客就跟着我们一起游览了。果果担心其他跟随的游客听不见他的讲解，给我们讲的时候还特意提高了嗓门，一路下来，嗓子都快说

哑了，但是被游客称赞后，他开心极了，晚上回到宾馆功课做得更认真了。

每次从一个景点出来，我们也会和他讨论一些相关的感受，比如看完岳王庙，我会问果果对于岳飞的看法，以及他的生平里有没有让果果印象深刻的事情之类的问题。

还有个小插曲，宾馆提供两个人的早饭，但是我们有三个人。我们一方面想出去品尝特色小吃当早饭，一方面又觉得不吃宾馆的早饭有点浪费钱。果果就主动去和宾馆前台交涉了很久，问不吃早饭能不能退早饭的钱。宾馆拒绝了。果果提出如果不吃早饭，能不能把早饭的钱换成其他服务，比如叫车服务之类的，交涉了很久，宾馆还是拒绝了。他和前台交涉起来有模有样，我和他爸爸就一直在不远处看。失败之后，他没有难过，又想出了一个好主意，提议我们三个人每天两个人在宾馆吃，一个人出去吃小吃，轮流去，这样三天下来，大家都能尝到小吃，又没有浪费钱。

在这次旅行过程中，果果能独立处理好很多我以为对他来说很难的事情，这让我感到惊喜。看来，父母有时试着做一次"隐形人"，不对孩子指挥和评判，给孩子一次历练的机会，孩子的表现往往能出乎家长的意料。

在旅途中，我们鼓励果果找同龄的孩子交流，去每个地方都争取给自己找个小玩伴。果果很积极主动，在景点排队的时候、等车的时候，随时找和自己年龄相近的小孩们去搭话，做自我介绍。但是有些小孩比较内向，就不爱和果果说话，总是羞涩地躲到爸爸妈妈背后。后来果果交朋友就很少遇到这种情况了，他总能遇上愿意和他聊天的，他们一起讨论路线，甚至商量一起去哪里吃饭。我问果果怎么做到的，他告诉我交朋友前要先观察，内向的一般不愿意随便和他交朋友，要找外向的，所以他看见爱说话的，一路上蹦蹦跳跳走路还要踢石子儿的，就上前去交朋友，成功率就高多了。

及时做好反馈很重要

旅行顺利结束，回程的高铁上我问果果："果果，这次玩得开心吗？"

果果满足地说："特别开心，亲眼看到了想看的东西，和书本上的东西对照，很有意思。学到了好多知识。"

我接着问："还有呢？"

"江南景色美，气候舒服，空气也好，心情变得很放松，很开心。对了，我们住的酒店很有历史韵味，很多历史名人住过，很有意义。"

"那咱们玩了好几天了，每天去不同的地方，你都能记住吗？"

"嗯，我这几天都写日记了，回去准备好好写一篇游记，就可以跟大家分享了。"

过了一会儿，果果问："爸爸妈妈对我这次安排的旅行满意吗？"我们对视了一下，都笑了，我说："挺满意的，原来果果自己已经能把旅行安排得这么好了，以后再带我们去别的地方怎么样？"

"还有什么做得不好需要改进的吗？"这话问出来，颇有点我们是他的客户的感觉。

我就模仿客户的语气，压低音调对他说："希望下次导游带个扩音器，不要把自己嗓子喊哑了。"说完，我们三个人都哈哈笑起来。

这次旅游回家之后，我问果果整个旅行的准备过程是什么样的。果果一边想，一边说："我先是想好自己有什么想看的东西、想去的地方，然后查一下路程情况，安排一下去这些地方所需的时间；然后查地图，看几个地方的距离是不是可以安排在同一次旅行里，比如这次的杭州和南京就可以安排在一起。定好城市以后，就搜集关于这个城市的信息，定下来要去的景点。"

"用什么方法搜集信息呢？"

"有旅行书，平时我也收藏了好多旅游攻略的网站，里面有很多驴友发的攻略，我参考他们的，做了适合我们自己的。"

果妈说

生活中，父母要学会适当"隐形"，给孩子独立的成长空间。

我后来总结，果果这次能成功地完成全家的旅行计划，不是一蹴而就的，是长期、反复、从小事开始慢慢锻炼出来的。孩子时时刻刻都在对家长的观察中学习，家长的影响是潜移默化的。

安排旅行这件事，果果从小一直看着我们每次是怎么安排的。我们从前期准备时就让果果参与，比如选目的地时，和他一起讨论去什么地方、为什么去，想去看什么、了解什么、解决什么问题，查阅好相关资料带着任务上路。再到后来查攻略、安排酒店、安排行程、准备行李，以及记录在路上的体验；回来后大家一起交流心得，整理照片，复习旅行中的快乐，也都让他参与。最后，也一起讨论在路上学到的新东西，并试着写一些游记等等。

从另一个角度来看果果旅行的规划，其实就是一个小的项目管理，我们大人在职场做项目管理的时候无非也就是这几个维度：具体目标、时间要求、预算、客户需求，以及对不可控的各种问题的处理。所以说，这次旅行对果果来说是一个非常好的实践和学习的经历，而且整个过程他都是非常轻松愉快的。经过这次旅行，他学会了科学地设计线路、检索信息、分配时间、管理金钱、节约开支，也锻炼了他统筹的能力。

面对不熟悉的环境时，他开始学会控制未知。而且，在这个过程中，他能感受到我们的信任和尊重，这次成功的旅行也增强了他的自信心。

因为果果提前了解了很多知识，所以可以给我和果爸做导游，而不用花导游费，他事后感慨知识也可以作为一种商品，可以变成财富。掌握更多的知识，可以节省或收获金钱。

这次旅行，他对景点的选择，以及游览时认真的态度，也反映出他对历史文化的尊重和喜爱，我很欣慰他能有这种对文化的审美能力。当然这种对文化的审美能力的获得，或者说人文情怀，和他平时喜欢阅读是分不开的。

果果说

　　旅游这事谁没做过，有走过郊区农家小院的，还有走过祖国大江南北的，还有走遍欧美的……根据我的经验，我认为旅游最高的层次，应该是有目的的旅行，比如你带着学习的目的，去深入了解当地的风土人情，学那些课本上学不到的东西；或者喜欢摄影，带着照相机去世界各地捕捉动人的瞬间；喜欢美食的，可以吃遍各地特色小吃，过足嘴瘾；还有搞写生的，我也见过，有一次在意大利的美第奇博物馆，我看见一堆大学生模样的人在临摹……

　　所以在旅行出发前，我们必须有目标。我妈妈就是这么锻炼我的，让我自己做计划，自己组织，还给我设定各种任务，他们什么都不管，一切听我指挥，这个感觉很爽！很开心！但也很累，劳心的那种。所以我特别能够体会我的爸爸妈妈养育我不容易，他们为我做了很多很多。所以我的报答就是我自己能做的事情就自己做好，能帮家里分担的就多分担一些，不让爸爸妈妈操太多心。

　　以后你们出去旅行的时候，也可以试试。真的很好玩，也挺锻炼人的。

　　附：果果的旅行预算表

交通预算

	班次/车次	出发地—目的地	出发时间—到达时间	预计支出
飞机				
火车				
市内交通	公交、打车			
总计				

住宿预算

城市	酒店	地址	预计支出
城市1			
城市2			
总计			

餐饮预算

餐饮	day1	day2	day3	day4
预计支出				
总计				

景点预算

旅游	景点1	景点1解说	景点2	景点2解说
预计支出				
总计				

其他预算

	预计支出
购物	
其他	
总计	

 旅行花费一览表

项目		预算	实际花费	差额
交通	大交通			
	小·交通			
住宿	城市1			
	城市2			
景点	城市1			
	城市2			
餐饮				
购物				
其他				
总计				

10 旅行中的KPI
——约定考核指标是旅行质量的保证

　　亲子游好处多，但亲子游也不容易！一路上，孩子难免会跟爸妈有意见不合之处，甚至为此闹别扭生气，比如孩子可能要买很多没必要的礼物，可能一玩起来就不好好吃饭等等。旅游路上，插曲不断。怎么办呢？

　　我带果果旅游的时候，经常可以避免这些烦恼。心得就是发挥我工作里的长项，对他进行KPI（关键绩效指标）考核。考核！考核！考核！重要的事情说三遍！

拉钩约定规则

　　为避免旅行中的亲子冲突，我们每次旅行前都会和果果进行约定。在出发之前先给他一百块钱，当成一百分的基础分，在旅行中表现

好，就加分鼓励；不好的行为出现了，就减分惩戒。目的是让孩子自己约束自己的行为，奖惩分明。

在旅行之前，我都会先和果果约定好奖惩的具体项目。比如我会问果果："你觉得这次旅行，咱们把哪些行为算作加分行为？"

果果一边想一边说："准时起床、准时集合、自己准备行李。我每次都是自己整理箱子的！"

"说得好，还有自己管理好自己的物品也加分。还有呢，你想想我们是一个集体，一起出去，这种时候——"我特意拖长音，等果果接话。

果果立马接住了："知道，要帮助别人！"过了一会儿，他自己又想到一个，"上次我们去加拿大，我向一个老外用英语问了路。这次也可以多说英语。"

我立即表扬他："对，非常好。多说英语也加分！还有吗？"

果果想不出来，我提醒他说："上次朵朵好几天没有跟咱们一起玩，在旅馆躺着，为什么？"

果果很快想起来上次朵朵乱吃东西生病的事："哦对了，不能乱吃东西，好好吃饭。"

"对，还有回来以后呢，旅行带给我们什么？怎么记住它？"

"写日记，像记者那样写报道，还有，拍好的照片，写游记。"

"嗯。还有，如果连续好几天都表现良好，没有减分，可以算全勤奖，再加一次分！"

就这样我和他一起把加分项给制定出来了。接着我们又开始讨论什么行为应该减分。

"迟到，耽误别人的时间。"

"对，准时很重要！你再想想，以前妈妈一直和你说的，旅行中，什么大于天？"

果果脱口而出："安全！"

"对！如果安全出问题，积分就清零。比如上次你和别人玩拉杆箱，不小心打到鼻子，受伤了。"

"知道了。"

"还有，如果你自己跑出去玩了，离开家长的视线怎么办？"

"扣分！"

"还有不能和别的小朋友打架、抢东西、吵架，在需要安静的地方不能大声说话，影响别人。这些都是极其不礼貌的行为，要扣分。"

"嗯，明白。"

于是旅行之前的契约就形成了。

考核指标到位

旅行途中，家长和孩子之间经常会因为各种事情出现各种矛盾。

比如孩子看到新奇的小玩意儿，往往会哭着喊着要买，但家长经常觉得不值，不同意买。于是孩子死缠烂打一番，最后要么家长妥协，心有不甘地为孩子买下来，要么孩子在家长的威逼利诱下，委屈又恋恋不舍地从小玩意儿上挪开视线。

比如以前果果参加小记者旅行团，每到一个地方要进行景点播报，他们团里有些孩子磨磨蹭蹭地就是背不下稿子，最后面对镜头的时候，结结巴巴只好放弃。失败后，孩子很郁闷，孩子的家长恨铁不成钢，也是又无奈又气愤。

再比如孩子出去旅行还时刻惦记着平板电脑、手机，一有空就拿出来玩游戏，不让玩的话，孩子撅着嘴不高兴；让玩的话，孩子又控制不住时间。最后家长生气、收缴手机，孩子委屈不开心，亲子矛盾升级。

除此之外，产生矛盾的情况还有很多很多。所以每次旅行前，我都会坐下来和果果就这次旅行可能出现的情况，做好充分的沟通，方法如下：

第一步，达成共识。我和果爸要跟果果把旅行期间各自的期待和诉求都沟通一下。

通常我们对果果的诉求有：

个人安全、增长知识和见识、每天按时吃饭睡觉、自己的事情自己做、管理好自己的物品、不跟其他小朋友冲突、有礼貌、主动帮助别人、不在公共场合大声喧哗、能分享食物和见闻、准时……

果果的诉求有：

有可以自己支配的零花钱，品尝各种美食、玩平板电脑、购买心仪的小纪念品……

第二步，对约定的事情进行协商。先把双方的需求罗列出来，这些需求应该是可测量、可达到的，并且具有一定挑战空间的，即提取关键指标。然后确定起始分值，我们定的是100分，再评估每一个指标的奖惩分值（加减分项目可以根据孩子的个性差异进行设置，可以分知识、能力、品德、修养、行为、特殊事件加减分等）。

在设置指标的时候，还要注意鼓励孩子多沟通、多交流、多质疑，运用所学的知识帮助别人解决问题，要表现得有礼貌有涵养。比如，在座谈时认真交流，用英文主动积极提问并能提出有价值的问题，加5分；能像大哥哥一样，照顾弟弟妹妹，主动帮助需要帮助的人，加10分。

还可以设置一些减分项目。总之就是根据情况，酌情加减分。

第三，明确积分兑换规则，约定好分值怎么兑换成奖品，比如钱。只要不损害健康，兑换的钱可用于买自己心仪但爸爸妈妈不认同的物品。剩下的钱还可以留到下次旅行继续使用。

最后一步，把考核落实到纸面上，签字确认。

果妈说

约定规则是美妙旅行的重要开始，考核指标到位是旅行质量的保证！

其实不仅在旅途中，在生活中也经常出现这些矛盾。家长要么好言相劝，摆事实讲道理；要么直接简单粗暴地拿出权威压制孩子；要么妥协，无条件答应；总之，这些小冲突看似简单却又让人头疼。

为什么会出现这些情况呢？其实主要是父母与孩子之间在目标、观念、需要、意见、期望上不一致，从而造成双方在认知、行为、情绪、角色上的矛盾或对立。其核心是管理问题。你可能要问，父母和孩子之间也需要管理吗？是的，无论哪种关系都需要管理，而且需要科学的方法。

那么如何管理呢？在这里，我用的是KPI这种考核方法。KPI考核，即关键绩效指标考核法，是企业常用的绩效考核方法之一，其特点是考核指标围绕关键成果领域进行选取。在现实生活中进行尝试后，我认为在亲子管理中用关键事件法最为直接有效。关键事件法是指，针对工作中的关键事件制定相应的扣分和加分标准，来对被考核者的业绩进行评价的方法。我把这种方法用在旅行途中，效果还是不错的。

在KPI考核的加分减分中，既加强了亲子沟通交流，增进了与孩子间的感情，又能达成彼此的共识、规范孩子的行为，让孩子了解父母支持鼓励哪种行为，惩罚制止哪种行为。比如我跟果果一起商量着制定考核指标，而我其实主要是起引导的作用，这样我俩最后制定出来的考核项目都是我们的共识，考核在实施的时候，果果就更容易主动地遵守。通过加分减分，他也更明白了哪些应该做哪些不该做。最后，他可以用自己努力赚来的积分换取自己想要的礼物、游戏时间、好吃的、好玩的。看似一个小游戏，实则将KPI贯穿其中，提取指标，评估指标的分值，制定兑换原则，最后落实在纸面上。这种游戏的形式也能提高孩子参与和配合的积极性。在其他很多需要孩子努力做到更好的情境下，KPI都是适用的。

果果说

　　每次出去旅游，我们家的政策很简单，就是表现好了加分，表现不好减分。如果得分低于某个值，就得清零！比如，有一次出去吃饭，我把好吃的都盛我碗里了，之前攒的四十多分一下子都没了。还有一次，在国外，我离开妈妈的视线，脱离团队一个人跑出去玩，咣当，所有的分数都清零了；当然也有加分的时候，当时我的英语还不太好，我就敢去找老外聊天，而且聊了半个小时，我妈妈给我加了30多分。我很喜欢这种奖惩机制。因为如果分数高了还可以相应地兑换一些小奖励，这使我从我妈妈那里获得了不少东西。

　　套用我妈的原话，把你罚的心疼、肝儿疼你就不会再犯了。如果觉得不公平，我可以跟妈妈协商。这个奖惩机制对小朋友太有用了，得到奖励，尝到甜头了，以后我就继续这么做。罚到心疼、肝儿疼以后，就再也不这么干了。我觉得这是养成好习惯的立竿见影的方法。

　　附：旅行KPI

旅行KPI

类别	项目明细	计分标准（积分）	奖罚（积分兑换/负分惩罚）
行为	按时吃饭睡觉		
	准时集合（时间管理）		
	管理好自己物品		
	自己的事情自己做（自我管理）		
	个人安全，财产安全		
	玩游戏（手机）是否节制		
	不在公共场所打闹，喧哗		
	......		
知识能力	认真听导游讲解		
	能提出问题		
	能拓展所见所闻		
	能跟以往的知识和见识做对比		
	每天坚持说或写日记		
	......		
品德	有爱心，主动帮助别人		
	团结友爱，不与其他人冲突		
	讲文明，有礼貌		
	乐于分享（食物，思想）		
	爱护公物，讲卫生		
	尊重别人，尊重自己		
	......		
特殊事件			

11 "鸡飞狗跳"的龙舟比赛
——科学合理的规则是成功的关键

好好的一场活动，最后弄得鸡飞狗跳，场面混乱，怎一个"一声叹息"了得？是家长的错？孩子的错？龙舟比赛的错？

又到了端午节，我和朋友计划组织十八个家庭一起去赛龙舟，孩子们听了都很高兴。大人们按照参加的人数订了地点，租了船只，孩子们亲手做了漂亮的金银铜牌。比赛的时候，十八个家庭分成六组，每组三个家庭，每个家庭派一个大人和一个小孩子参赛。我们一共租了两条船，每个组用一条船，两组两组相比。比赛计时开始后，喊叫声、加油声不绝于耳，用时最短的三组得了金银铜牌。

赛后发奖，获得前三名的大人和孩子都挂上了相应的金银铜牌。这时，没得奖的孩子有的嘟着小嘴一脸失望地埋怨自己的爸爸妈妈，有的在角落默默地看着得奖的人，有的孩子甚至哭起来了。家长一看到有孩子因为没得奖哭了，很着急。得金牌的大人为了安慰朋友家哭泣的孩子，就主动过去，摘下自己脖子上的金牌，给正在哭的小孩戴上，摸摸孩子的头说："小朋友，别哭了，叔叔把自己的金牌送给你吧。"哭着的孩子看见自己脖子上戴上了金牌，脸上立马雨转晴。其他得了奖牌的大人，也把自己的奖牌摘下来给没得奖的孩子挂上。

大人们以为这样可以平息混乱，没想到场面更混乱了。有的没得奖的小朋友坚决不要别人送的"安慰奖牌"，但看到别人都有奖牌，哭得更加厉害了。得银牌和铜牌的孩子看到明明没有得奖的孩子却挂上了金牌，而自己努力划才得了银牌铜牌，有的也委屈地哭了，埋怨家长没有得金牌。最后，场面越来越混乱，家长只好默默地收拾好行李，各自带着孩子回家了。

回家路上，果果一路哼着歌，我问果果："咱们今天的成绩你满意吗？"

"满意！"果果高兴地举着脖子上的金牌晃动着。

"那你有没有分析一下，咱们为什么能得金牌？"

"嗯——"果果一边想一边说，"因为是抽签分组，咱们组都是爸爸带孩子参赛，力气大，划得也快。"

"对，咱们是比较幸运。那你觉得今天的活动怎么样？"我问。

果果说："还可以，但最后不是很成功，好多人没得奖牌就哭了。"

"那你觉得那些哭了的小朋友怎么办？要怎么安慰他们呢？"

说到这个问题，果果突然严肃起来，郑重地对我说："妈妈，我觉得你们不应该把咱们家一起努力得到的金牌给其他人，那是我们的荣誉。"

听到他说这话我才意识到，原来在大人看来只是纸板做的奖牌，在孩子心中却是自己努力的成果，分量很重。我忙向果果道歉："果果，对不起，妈妈没想到这一点，下次注意。因为当时那个小朋友哭得很伤心，妈妈觉得给他一个金牌戴一下，希望他能不哭了，就没有照顾到你的感受。"

果果停了一会，继续说："嗯，我也想安慰其他小朋友，但不能把自己得到的荣誉送给他们。"

"那你觉得怎么安慰没得奖的人呢？"

"嗯——"他一边想一边说，"一个比赛肯定有没得奖的人，如果不想让参赛的人难过的话，我觉得比赛的规则应该改一下。"

果果还会反思规则的合理性，这让我有点惊讶，于是我好奇地问："你觉得这个比赛哪些规则没定好？"

"比如，一开始没规定是妈妈还是爸爸带孩子参赛。爸爸划船一般都比妈妈快，对妈妈带着比赛的小朋友就不公平了。"

我点了点头："你说得有道理。"

得到我的肯定后，他又接着说了很多："还有，得奖的人太少了，大多数人没得奖，肯定有人会很难过。应该多设计几种奖，不只是按照速度比出一二三名。就像我们学校运动会那样，分好多种奖牌。"我赞许地看着他，不时点点头示意他继续说。"除了有按照速度设置的奖，还有进步奖，给进步最大的人，鼓励奖，鼓励差一点进前三名的人，坚持奖，给虽然没得奖，但是一直坚持到最后的人，安慰奖，给每次都参加，但这次没有得奖的人。总之，就是不只前三名拿奖；很多人都能得到鼓励，这样大家都开心，下次再有比赛，大家就还是会想参加。"

"说得非常对！下次妈妈组织活动吸取这个经验。"我笑着摸摸果果的头。

果果又补充道："还有，如果已经定好了，就是前三名有奖牌，家长就不应该用奖牌安慰那些没得奖的人，这样对得奖的人就不公平了。"

果妈说

家长要做规则的执行者，而不能成为规则的破坏者，要求孩子做到的，家长首先要做到。

虽然在大人看来，这个比赛不过是一场孩子间的游戏，但是对小孩子来说，却是非常严肃的比赛。生活中，小到孩子玩耍时的游戏规则，大到家庭规范、生活守则，如果家长在前期制定规则时考虑不周全，粗糙随意，在后期执行上不严肃，随时更改，甚至无视规则存在，慢慢就会造成孩子不遵守规则的不良意识。比如大人为了安慰孩子把奖牌送给他，虽然可以达到一时安抚他的效果，但是可能会使孩子养成散漫任性的习惯，导致他规则意识淡漠。为了让孩子遵守规则，我们在制定规则的时候，可以让孩子参与到规则的制定中，赋予他们一定权力，让他们充分理解规则，这有助于孩子的自我制约和遵守执行。另外，父母也要以身作则，言传身教。这种规则意识和行为要长期坚持，才能巩固，并最后形成习惯，从而培养出孩子的规则感。

规则感是指发自内心的、以规则为自己行动准绳的意识。比如说人要有遵守校规、遵守法律、遵守社会公德、遵守游戏规则的意识。没有规则感，民主和法治都是空的。这些最基本的规则意识与人性和良知有关，与道德和信仰有关。

 果果说

比赛大家都参加过，比如课间赛跑、学校运动会等等。只要有比赛，就会有赢有输，因为这两个是相对的，赢了就是赢了，输了就是输了。

上边这个故事里边，这些家长干了些不太对的事。把我们努力的成果送给别人，我有意见。我们学校评小课题研究报告的时候，奖励项设置就很好，分设不同的奖项，有创意奖，有进步奖，还有报告做得最漂亮奖。比如我们班有一个女生，所有的图都是手绘的，做的报告真的很漂亮。龙舟赛时家长把自己的奖牌给没得奖的孩子，我觉得特别不好，安慰孩子不能这么安慰，最后弄得大家都不开心。

碰到这种情况，我认为可以跟小孩儿讲道理，输了就是输了，没得奖不要灰心，下次努力就好，还有你划龙舟不行，但你其他方面可能行，不用太看重结果。每个人都有长处，也都有短处，说不定那个跑得最快的数学不好，语文古诗背得很好的，英语却不好。每个人都是有优点的，你要做的仅仅是知道自己哪行哪不行，行的继续努力，不行的赶紧补补。自己跟自己比，只要做得最好就行，不用太在意比赛的结果。

12 领导难当
——锻炼、培养孩子的领导能力

领导力的提升和发展是一个渐进持续的过程，成人或孩子的领导意识、领导能力都不是一朝一夕培养出来的，需要在日常生活中不断地实践和磨炼。

果果四年级的一个周末，我们几家人带着孩子去郊游，准备先去爬山，再划船。一行人爬到半山腰，天似乎要下雨，大家都累了，走的速度也慢下来。当时已经下午四点，而下山后还有一个活动项目是乘坐游船，因为游船五点半就结束了，所以面临着是否继续爬到山顶的选择。

果果觉得时间不够，也累了，不是很想继续爬了，就召集其他小朋友开会。他看大家也都挺累的，就问一个累得满头大汗的小朋友："你还想继续爬吗，还是我们下山？"

那个小朋友一听可以不爬，赶紧点头说不要继续爬，下山。果果一看有同盟军，赶紧提议说："不如大家来个举手表决吧。"于是发现八个人里有三人想继续上山，五人想下山，于是小团队出现了分歧。

果果又问少数派的
三个人："我们能不能
不爬到山顶了？"

三个人互相看看，
都不太愿意："不行，
我们还是想爬到山顶，
已经一多半了。"

果果想了想，指着
从站着的位置到山顶途中的一个亭子说："要不然这样，我们再往
上爬十分钟左右，到那里，然后就下山。"

他们看了看亭子，商量了一下，同意了。

于是大家又一起都往上爬，等到了那个亭子的时候，果果转身
对着大家说："大家差不多休息下，我们就下山吧。"这时小船同
学提出，还是想再爬一会儿。队员的意见又出现了分歧，只能又围
成一圈开始商量。

果果有点不高兴，嘟着嘴说："既然达成了协议说爬到这里
下山，就应该遵守承诺。"他一边说，一边看向提出想继续爬的小
船，又补了一句："而且要少数服从多数。"

这时，小船同学也觉得不满了，仰着头说道："为什么要少数
服从多数，少数人的意见就不对了吗？"

果果愣了一下，没有预料到这个回答，只好耸耸肩说："因为
我们是一个团队，要一起行动，只能这样了。"

小船不说话，坐在亭子的石凳上，双脚前后晃着，低头默默看

着地。

场面安静了，果果无奈地盯着小船看了一会儿，然后转身跑向小船的爸爸拜托他劝说小船，最后终于达成协议下山了。

下山后，我问大家："你们觉得在一个团队中，要不要少数服从多数？"

有人支持，说："应该要，如果要让团体的快乐指数最高，必须满足多数人的要求，让多数人更快乐。"

还有的人勉勉强强同意："团队行动的话，必须要定个标准，比如服从队长的意见，如果队长说少数服从多数，只能这样了。"

回来的路上，我问果果："当团队意见不一致的时候，除了少数服从多数之外，还有没有别的方法？"

果果摇摇头说："因为意见不统一，我也没办法，只能投票表决，听多数人的意见，并不是我想让大家一定听我的。"

"我明白，果果，"我摸了摸果果的头，"你是不是觉得有点委屈？明明是为了团队整体能玩得更好，却因为要让少数队员必须服从多数而使他们不高兴。"

"有点儿。"果果低下了头。

"那你想想，你的出发点是为了让团队玩得更好对吗？"

"对啊。"

"那是为了什么目的，决定不爬到山顶而选择下山呢？"

"因为累了，而且爬到山顶以后就怕来不及坐船，完成不了计划了……对了！"果果一拍大腿，恍然大悟，"对，我刚想起来，我的目的不是阻止继续爬山，而是怕大家误了坐船啊。"

"对，因为一直在纠结是不是继续爬山，要不要少数服从多数的问题，而忘记了最初的目的是什么了。"我微笑着看着果果。

果果若有所思地点点头。

我接着说："所以，作为一个临时组织里的小队长，如果设立一个大家都要达到的目标，去鼓励大家，正面地促进一个事情比负面地阻止一个事情更容易达到目的，影响也更积极，大家也比较容易团结一致。"

"对，我真的没想到。"果果开始高兴了起来。

"那如果是现在，你会怎么劝说大家呢？"

果果托着脑袋，想了想说："我会问大家今天还要不要坐船？因为我们的计划里最后就是坐游船看夕阳，大家肯定都要去。但因为爬到山顶，时间就会不够，只能牺牲一部分爬山的时间了。"

"如果这样说，大家在心理上就会容易接受了。"

"是的，而且我们可以倒推时间，从下山，走到码头，坐船的时间，来决定是否再向上爬一会儿、爬多久等等。"

"对，这样一来也能更有说服力。"

"看来当一个游玩小队长也不容易呀，不过我觉得我以后有了经验就能组织得更好啦！妈妈你就放心吧。"果果说完拍了拍胸脯，我看着他可爱的样子也被逗笑了。

果妈说

管理是一门科学，领导力是一门艺术。

生活中方方面面都能体现领导力的重要性，孩子组织活动的时候，我们可以有意识地培养孩子的领导力，及时指出孩子在组织过程中不恰当的地方，告诉孩子不要简单地命令别的小朋友去做什么，而是应该指出这么做的原因，寻求共同的目标，增加团队的凝聚力。

当领导不容易，当好领导就更不容易，需要有比别人更多的付出，要想到别人想不到的，而且最重要的，是不论什么情况，都能带领、引导团队达到目标。成为领导的基本条件，一是在任何时候都能认清目标，二是让团队的人都能够认同这个目标，三是执行到位。否则，做的事再多，吃的苦再多，如果不能达成目标，所做的一切就白费了。

现在我们都能认识到领导力的重要性，也说应该从小培养孩子的领导力，市面上还有很多相关的课程。不过，其实培养孩子的机会就在我们日常的生活中，特别是在团队旅行中，有很多事情需要协调一致、达成共同目标，家长如果善于发现和把握这些机会，就可以让它们成为免费的、有实践价值的、锻炼孩子领导力的课程。

果果说

平时生活中，我们接触到一个观念，叫作"少数服从多数"。

比如说，中午几个同学在一块玩什么？玩捉迷藏？有人说不行！玩老鹰捉小鸡？有人说不行！我们玩扒人（我们学校学生自创的游戏）？怎么选择呢？举手表决，少数服从多数，这样决策最快！但除了这个方法，还有其他办法吗？

其实我觉得还有一个解决方案，就是回到最初的目标。比如郊游中的爬山这件事儿，爬到山顶，下山时间不够了，就不能划船了。如果大家都不想划船，得，就继续爬。如果想划船，就要考虑什么时候必须返回。所以在决策的时候一定要想好最初的目标是什么。往往我们做事时，做着做着就忘了最初的目标是什么了，比如郊游时，我们是在爬山时发生分歧的，但是当时只把注意力放在了爬山上，结果把爬山当成了目标，以为只是要选择爬还是不爬。

再举个例子，"阿波罗计划"中提到一个零件，大家觉得这个零件有点碍事，就想简化它，他们就想能不能改一下，改个形状，改小点，改大点，换材料，最后扯到了这个零件摆放位置的问题，甚至到后来要调整整个火箭的主体结构，都是因为他们忘了初衷仅仅是这个零件耽误事，想让它简化些，最后有个工程师提出，拆掉这个零件怎么样，于是拆掉了，问题就解决了。

在决定一件事情的时候，要从目标考虑，如果我们想要的是开心，玩老鹰抓小鸡，谁当老鹰谁当小鸡，都会引起不和，使大家不开心，那就不玩。玩捉迷藏呢，有捉的，有藏的，抓的觉得很好玩，因为能到处抓人，藏的也觉得很好玩，害怕被抓的那种提心吊胆的感觉很好玩，那就玩捉迷藏吧。综合以上就是：解决问题的方法不只是少数服从多数，还有其他方法。

13 亚洲大象和非洲大象
——给孩子独立思考的机会

大象家族除了亚洲象还有其他品种的大象吗？他们在哪里？他们有什么不同？金椰子的果肉能吃，其他品种的椰子的果肉也能吃吗？博物馆这么大，还有比它更大的吗？从动物，到植物，到文化艺术，旅行中可以增长孩子见识的机会比比皆是。

去斯里兰卡的时候，我们看到很多大象，果果特别感兴趣，我指着其中一头大象问他："果果，这只是公象还是母象？"

"刚刚导游说过，这是只公象，那边那只是母象。"他指了指旁边的大象。

"你看公象和母象体型有什么不同？"

他开始比划起来："公象个子大，象牙特别明显。"

"你知道世界上的大象分几种吗？"

"我知道，分亚洲象和非洲象。"

"这两种大象有什么区别？"

果果一边思考和回忆着，一边说："在自然课上学过，亚洲象体型小，耳朵也小；非洲象体型大，耳朵是三角形，很大，像蒲扇一样。还有，亚洲象只有公象的象牙明显；非洲象公象母象都有明显的象牙。"过了一会儿，他又好像发现了什么。"哦！难怪，斯里兰卡的大象就是亚洲象！"以前课堂上学的东西在现实里得到了验证，他突然兴奋起来。

我们一边观察着眼前的大象，一边讨论它们在象牙、耳朵等部位和非洲象的区别。我问果果："你说，为什么不同的地方大象长得会不同呢？"

"嗯……因为它们生活的环境不一样，比如气候、温度、食物，这些都不一样，所以慢慢进化成了不同的样子。"

"你还能举出类似的例子吗？"

果果想了想，说："我知道，比如北极熊进化出了很厚的毛，毛里面还是中空的，可以储存空气来御寒，体型也大，和亚热带的熊就不一样；还有非洲的大耳狐，为了散热，耳朵就比其他地方的狐狸大。对了，那非洲象耳朵大很可能也是为了散热，我查一下。"说完他就掏出手机，准备查了。

"果果懂得真多！那除了动物，还有什么也是会受环境影响，长得不一样呢？"

"植物也是。对了，我们人也是啊。你看朵朵妈妈以前生活在南方，妈妈您是北方人。为了散热，所以朵朵妈妈耳朵也比您大！"旁边一行人听到，都笑得停不下来。

中午大家买了椰子解渴，我们一边吃着，一边和果果聊天："果果，这个椰子叫金椰，你觉得为什么叫这个？"

"肯定是因为外壳是金黄色的。"

"同意。和上次我们在海南吃到的椰子一样吗？"

果果睁大眼睛，把手中的椰子摆弄来摆弄去，摇摇头说："不一样，上次吃到的没有这个甜，也不是金黄色的皮。"

"我们以前在海南吃的是青椰，这次的是金椰。青椰是嫩椰子，主要用来喝里面的椰子汁，不是很甜，但很清爽解渴；金椰是成熟的椰子，表皮金黄，果肉也很甜，除了喝椰子汁，也可以用来做菜，煲汤等等，这种金椰是斯里兰卡的特产。"

果果认真地听着，说："明白了。那我们今天喝的椰汁鸡汤，还有早餐的那个椰子味道的小圆饼，也是金椰榨出的汁做的。"

"对，这两种食物都是斯里兰卡的特色美食。"

果果高兴地喝了一大口椰汁，又说："妈妈，我还想到一个金椰和青椰不一样的地方。"

"什么？"我好奇地等他的回答。

"金椰比青椰贵多啦，要飞到斯里兰卡来吃！"

我哈哈地笑了起来。

还有一次在英国，游览大英博物馆之后，果果了解到了很多新东西，一副心满意足的样子。我问果果："果果，博物馆之旅怎么样？"

他开心地说："太棒了，博物馆真值得来，我觉得所有博物馆都该免费。"

"那你知道世界四大博物馆都在哪里吗？"

"我知道我知道，来之前我查过资料。"他迫不及待地回答，"除了大英博物馆，还有法国卢浮宫，纽约大都会，俄罗斯的冬宫，它们是世界四大博物馆。而且我们已经去过两个了！"

"那它们中间哪个是最早开放的呢？"

"是大英博物馆！因为它是世界上第一个对民众开放的博物馆！刚刚导览里说到这个了。以后，我们也去其他两个吧。"

"好啊。那去之前，你可得先学习一下哟，了解这四大博物馆各自的特点，还有最有特色和最珍贵的藏品是什么。"我笑着看他。

他突然挺得笔直，敬了个军礼："Yes，sir. 保证完成任务！"说完，他又欢快地跑去看纪念品了。

果妈说

　　把握旅行中的好机会，引导孩子独立思考和主动学习，对孩子的发展很重要。

现代认知心理学认为：分类的能力是衡量智力的一个重要标志。孩子掌握分类方法对于他们以后学会推理、辩论以及形成数的概念具有非常重要的作用。在旅途中遇见新事物的时候,家长可以引导孩子通过和已知的类似事物进行比较或者是总结归纳,使孩子能更好地认识新事物的特点,建立逻辑分析能力。比如,单独给果果介绍斯里兰卡的大象的特征,他对大象的认知将是平面而局限的。通过引导他将斯里兰卡大象这种亚洲象和非洲象做比较,可以使他站在一个更高的视角去认知大象,这样他对大象的认知是立体而全面的,还能使他由此延伸出对不同环境催生动物不同特征的思考。这样一来,通过类比,他的思维得以发散,分析能力得以提高。

行万里路,如读万卷书。其实,在旅行中会很容易接触到很多新鲜事物,这些都是引发孩子学习和思考的好机会。孩子对新鲜事物本来就好奇,这时只要家长稍加引导,孩子就能学到很多平时可能不容易学到的知识,旅行回来就会有满满的收获。

 果果说

旅行是一个增长知识的好机会。只要有机会,一定要跟着爸爸妈妈去旅行。我们在学校里学到的知识比较抽象,没见到实物,想象起来总是少点什么。不是说实践是检验真理的唯一标准吗?所以多见肯定没错。

只是见到了还不行,还要思考。比如我们经常爱玩的一个游戏叫"找不同",其实旅行是最好的找不同游戏,看见大象,你可以找非洲象和亚洲象的不同;吃个椰子,你可以找金椰和青椰的不同。这比玩游戏有趣多了吧。

第 4 章

独立与自主

父母都希望培养孩子独立解决问题的能力，因为我们不能陪孩子一辈子，我们总有一天会离开他们，他们总有一天会长大。

当他们以自己的方式面对这个世界的时候，应该学会独立思考，独立解决生活、工作上所要面对的各种问题。

而我们家长，需要学会等待，学会和孩子一起制定规则，需要放手。

14 完美的生日策划书
——成长需要时间

孩子的成长不是一蹴而就的，他们需要去尝试、去经历、去失败、去成功。

生活中的每一件事情，对孩子来说，都是一种积累、一种学习。家长在这个过程中，需要做一个合格的旁观者。不要插手，不要去包办，孩子就会给你惊喜。

果果三年级过生日的时候已经能够完整地做一份生日策划书了，这是一件特别棒的事！不过果果能做到这些，都是因为深刻体会到了"失败是成功之母"的道理。先来看看他的一年级、二年级生日是怎么过的吧。

乱七八糟的一年级生日会

小孩子过生日的时候，大都是由家长组织活动帮孩子庆祝。果果上幼儿园的时候，我们也帮他组织每年的生日会，邀请跟他要好的小朋友在外面一起吃饭，或者来家里玩。

果果上小学之后，我跟果果说："现在你已经是小学生了，今年要不要试试自己组织生日聚会？"

果果想了想，高兴地说："可以啊!"

"如果有需要帮忙的，随时告诉妈妈啊。"

"好。"

生日前一天，还没听果果说关于生日会的事情。正觉得奇怪的时候，接到了好几个家长的电话，问我："果果妈，明天生日会是几点啊？""具体在哪儿集合？""是哪个必胜客啊？"问得我一头雾水。家长跟我说，果果跟几个好朋友约好了开一个生日会，明天去必胜客吃晚饭。

晚上回家，我着急地问果果："明天的生日会，你是怎么安排的啊？"

果果在玩游戏，头也不抬地说："我跟几个好朋友说，一起去必胜客。"

"几点呢？"我站到他的跟前。

"放学以后。"果果眼睛还是盯着电脑屏幕。

我紧接着问："他们的家长知道了吗？吃饭准备吃多久？晚了的话家长要不要来接？"

果果停下手里的游戏，愣了一下，说："还没想好……我就和同学说，明天放学后，去必胜客参加我的生日会。"

"同学知道是哪个必胜客吗？"

果果又想了一下，"呃，这个，应该知道吧，就是离学校最近的那个。"

在我的一连追问下，果果看上去有点灰心了，于是我语气又平缓下来说："果果，在组织一个活动之前，作为组织者要先想好一些事情，比如时间、地点、人数，以及大概要做的事情。"

果果默默地点头。

"如果出去吃饭，不一定到了就有位子，还是提前订位子比较好，如果是生日会的话，还得订蛋糕啊。"

果果茫然地看着我，轻轻地说："我以为只要通知大家都去就可以了。"

第二天生日会，必胜客里人很多，他们没有找到能坐在一起的位置，等了好一会儿才有座位。等人到齐也等了很久，有的同学来得很晚。忙乱了一阵，大家草草地吃了一顿必胜客，就各回各家了。

由于平时的聚会都是家长安排的，果果只是看到大家都去一个地方集合吃饭，接收小朋友的生日礼物而已，看不到背后的联络、安排、确认等环节，所以在他看来，只要跟同学说好都到吃饭的地方集合就好了。大人认为孩子自然应该会的事情，其实他们并不一定会，都需要在生活中慢慢学习。

少了一个人的生日趴

二年级的生日前夕，上学路上，回想起一年级的聚会，我问："果果，你想想，今年的生日会怎么安排？"

果果边走边说："已经想好了，让我的四个好朋友来咱们家玩，我定好了集合的时间、地点，然后妈妈去帮我接同学。"

"好，那你们一天准备干什么？"

"先让大家参观我的房间，然后一起玩，中午在咱们家吃饭，最后您再帮我把他们送回家。"

"想要吃什么呢？"

"就订外卖在家吃，至于吃什么，让大家决定，因为他们是客人。"

"那生日礼物呢？"

"哦，把这个事忘了，我会定个规则，生日礼物必须不能超过10元。"果果"恨恨"地说。

我偷偷地捂嘴笑了，去年收同学的生日礼物，有几十元甚至几百元的，等同学过生日送礼物时，可大大地花瘪了果果的零钱包，他至今还耿耿于怀，看来收礼大了、多了，迟早要还的。

这时走到校门口了，我停下脚步，手搭在他肩膀上，认真地说："可以，你确定你都想好了吗？"

果果胸有成竹地说："想好了！"挥别之后，他就转身上学去了。

生日当天一早，我8点到了集合地点，只有三个小朋友到了，另一个一直不见踪影。我有点着急，但果果没有给我这个同学的电话，我只能把三个同学先接回去。回家以后，果果马上给另一个同学打电话，结果发现他还在睡觉，已经忘了今天的聚会。果果失望地挂掉了电话。

同学来了之后，果果拿出自己的书和玩具，就和他们玩起来了。由于没有计划好玩什么，大家都哄抢着要玩一个东西，几个人谁也不让谁。四个人一会儿都抢着去玩游戏，一会儿又都挤着玩棋，一会儿都拥去书柜找书，挤成一团，没玩上的同学还有点小怨气。

　　中午，外卖到了，蛋糕也到了。几个小朋友就一起吃。订外卖的时候点了一大通，结果最后订太多了，剩下很多没吃完。

　　下午，一个同学突然说还有辅导班要上，4点就得回家，我着急地把他先送回家。等我刚送完回来，另一个同学也要走了，我又出门开车送他回家。一茬接一茬地送了好几个来回。

　　送完孩子后，有个家长打电话过来问我们家中午吃了什么。我把吃的东西都给报了一遍，结果他告诉我，他孩子不能吃蛋糕，对鸡蛋过敏，现在身上起红疙瘩，痒得不行，已经在家吃抗过敏的药了。

　　吃完晚饭后，我们坐在沙发上。我先表扬了果果，今年的生日会比去年组织得好多了，大家玩得挺开心的。果果听了很高兴，我接着问："果果，你觉得今天的活动，哪儿还不太完美？"

　　果果一边想一边说："如果我请的四个人都来的话，就好了。"

　　我赞同地点了点头，说："是啊，你觉得怎么改进好呢？"

　　果果想了一会儿说，"在前一天应该再跟他们说一次，或者给大家发短信提醒。或者告诉他们的家长，让家长负责提醒。"

　　"也可以。组织活动的时候，人员联络很重要，你可以把同学或者同学家长的电话给妈妈，去接人的时候，找不到人的话就可以打电话。"

　　"是的。我还可以建一个微信群，把我邀请的同学和同学家长都加进去，活动的时间和地点这些重要信息就发在上面，大家就都看到了。"

　　果果已经能主动地思考解决方法了，我表扬了他："嗯，这个办法好。有了群，还能随时联系。聚会的照片还能发到群里，大家留念。那还有什么需要改进的?"

"嗯……"他停顿了一会儿突然想起来,"对了,一开始应该想好午饭吃什么。下次我应该问问同学都爱吃什么,不能吃什么。"

"对,如果事先知道有同学对鸡蛋过敏,先告诉妈妈,吃蛋糕的时候就能提前注意。"

"对。还有呢?"

"我觉得应该提前想好玩什么,比如可以两个人先下棋,另两个人玩游戏,一会儿再交换,就不会挤在一起了。

"嗯,送同学回去的时间,你觉得安排得好吗?"

他很快答道:"不是很好,一开始忘了问谁要几点走了,不知道有的人要先走。"

我顺水推舟,说道:"对,所以结束的时间也要提前计划好。"

我和果果就这样一边回想着生日会什么地方不完美,一边分析着改进的方法。

完美的生日策划书

三年级的生日快到了,我还是照例问果果生日会的安排,提醒果果要避免发生去年的问题。果果回忆了去年的经历,并着手写今年的生日策划。写着写着,他想到可以去网上搜一些策划书的模板,然后按照模板填好。搜好模板之后,果果一边填一边说:"我觉得这些模板有的内容不适合我的生日会,明年我要自己写一个策划书,研究出一个自己的模板来。"

策划今年生日会的时候,果果明显比去年设计得更丰富,想得更全面了。

首先，果果学会了分区设计活动内容：在他的房间里，一个角落摆好了乐高，留出同学可以围坐的空间；一个角落是电脑和游戏机；小黑板、图画书和画笔摆在一起；书从书柜里搬出来，在房间正中央按照不同类别摆成塔状，动植物书一摞，故事书一摞，天文地理书一摞，等等，爱看不同书的人拿书时可以互不影响。

第二，果果开始有了预算的概念。在生日会前，我问果果："你想想，这次生日会一共需要准备多少钱？"果果想想，说："一共五个人，大概400多块，就算450吧。"

我问："如果不够怎么办？"

果果很肯定地说："不会的，我已经想好吃什么了，在网上查好了价格。"

"好，既然已经写到你的策划书上了，那妈妈就按照450的预算给你钱，你来支配这些钱，超过的话可就没有钱了哦。"

果果答应了。

第三，在安排活动内容的时候，果果开始学习从各方面分析某个活动是否可行。比如这次，果果兴奋地跑来跟我说组织大家去电影院看电影，我说："嗯，这个主意不错。去看电影都需要什么？"

果果脱口而出："买票！"

"对，除了电影票，还需要买什么？"

"给大家买一点小零食。"过了一会儿，果果又想起来，接着说："对了，还得妈妈开车送我们去。"

"可是妈妈要忙工作，不一定有时间，你们要看几点的电影呢？电影票多少钱查好了吗？"

"都没查好"，果果摇摇头，刚才兴奋的劲儿消退了一大半。

"如果妈妈没时间去送你们，你们可以自己去吗？"

果果想了想说："大概不行，我去查查地图。"

一会儿，果果回来了，犹豫地跟我说："妈妈，电影票每人一张一共就快300块了，还要买零食，估计钱不够用。时间上也有点不合适，要不然是11点半的，来不及吃午饭，要不然就是下午2点多，回来又太晚了。算了，我们还是不去了。"

果果觉得看电影虽然是个好主意，但是经过分析，从预算、时间和人力方面都没法实现，只能放弃了。我问："那有什么活动代替？"果果说："这次我们在家看我收集的碟片吧，下次提前设计好，组织大家一起去看电影。"

果果在活动策划中，对可以使用的"人力资源"，也就是我和果果姥姥进行了分工，提出了对我们的要求。比如，他走之前反复对我说："妈妈你一定注意，上车后要锁上中控锁，让大家系好安全带，还要严格遵守交通规则。"果果还要求我在车上的时候打开广播给他们同学听，以及不要打扰同学的聊天等等。他还对准备小零食的姥姥说："姥姥你买吃的注意不要过期了，酸奶要买我同学爱喝的那个牌子。"果果还列了一个单子，上边是每个同学爱吃的东西，让姥姥按照单子有针对性地去采购。果果嘱咐我和果果姥姥时，我们都摆出一副坚决拥护他的领导的样子，他认真的模样让我们私底下笑了半天。

果妈说

　　我们看到孩子成果的同时，也要看到孩子成果背后付出的辛苦和努力。

　　果果的生日策划逐年地完善，越来越有序。在放手让他自己策划生日会的过程中，他的组织能力得到了提升，掌握了组织活动的流程，考虑得越来越周全，懂得了提前采取预防措施来避免聚会意外的发生。在看电影的事情上，他学会了通过综合考量利弊来进行取舍。

　　在整个过程中，我都没有替他做任何决定，都是引导他去思考，然后再让他自己独立决定。后来，他也慢慢形成了主动思考解决问题的能力，比如他在准备三年级的生日会时，主动想到做策划书和建微信群的办法。另外，在策划的过程中，他也学会了为他人考虑，比如考虑同学的饮食喜好，考虑如何让同学在车上过得更愉快。关心他人感受的这种能力将帮助孩子在未来建立良好的人际关系。

　　孩子的各种能力都不是一生下来就有的，都是通过他们自己的不断摸索、锻炼甚至失败，才积累得来的。我们帮孩子做得越多，孩子自己的锻炼机会就越少。爸爸妈妈最好的角色是导师，最重要的是让孩子自己去做，而我们需要做好的是背后的引导、安全保障等工作。这里有一条最重要的爸妈守则：不要怕孩子错，这些成功和失败都会成为他们的成长经历，是他们学习和成长的一部分。其实，犯错有时可以让他们学得更快、更好。

果果说

相信每个小孩子都喜欢过生日！因为我们生日那天，可以放肆地干点儿爸妈不让干的事儿，要点儿爸妈平时不愿意给买的礼物，还可以跟同学们大吃大喝，痛快地玩一场，那一天真叫一个美！毕竟一年只有一次嘛！

可是，小朋友们，如果你们过生日要办生日会的话，是不是都是家长帮忙策划的呢？

小学之前，我跟大家一样，都是爸爸妈妈准备好了，我参加就行。到了小学，我就开始自己组织策划了。虽然刚开始做得也不好，但一次比一次好。我觉得做生日会的过程特别锻炼人。

比如，你准备怎么过？是跟小朋友一起看电影，一起去打CS，还是一起吃个饭再一起玩？邀请谁？他们有没有时间？是生日当天过，还是凑一个大家都有空的时候？怎么接送？一些突发事件怎么处理？……

大家一看这些问题，是不是觉得组织一个生日会好麻烦啊？要想这么多事情，那你还想自己组织吗？还是继续让爸爸妈妈来帮忙呢？当然是自己组织了！真的，特别锻炼人。

第一，能锻炼我们的计划能力。

只有做好充分的准备，才能保证后面的组织实施。我们六年级的时候，毕业旅行、拍电影，都是需要我们自己做计划的。当真等到那个时候再做，肯定会手忙脚乱的。如果我们平时锻炼好了，到那个时候就会得心应手了。再说了，以后到大学里写论文，工作后写方案，都需要我们的计划能力。所以这个很重要。如果你觉得没有头绪，网上有一些计划书的模板，可以参考。

第二，能锻炼我们的时间管理能力。

时间就那么多，要做那么多的事，一项一项地，必须有时间观念，所以时间一定要管理好了。

第三，可以锻炼我们的经济头脑。

搞活动的时候，要有预算的概念。一种是给多少钱，办多少事；一种是办多少事，花多少钱。无论哪一种，都要提前做好预算，做到不铺张浪费但也要够用。

第四，就是组织协调能力了。

往大了说比如带兵打仗，往小了说比如领着班里的同学出去玩，都是发挥你组织协调能力的时候。在这个时候，往往细节决定成败。举个例子，挑战者号航天飞机，因为右侧固体火箭助推器的密封圈失效了，起飞后可燃气体逐渐泄漏，跟明火一接触，砰……炸了。相信科学家们考虑到了一切的情况，起飞、盘旋、飞行、降落，最后，却因为一个密封圈引发了灾难。

所以，组织生日会的时候要考虑到所有的细节，以及所有可能发生的意外情况。

最后，是锻炼我们求助的能力。

必要的时候可以请家长帮忙。活动开始前，可以让爸爸妈妈看一下是否有遗漏的或者不合适的地方，并提些建议。

既然自己策划生日聚会有这么多的好处，大家在下次生日的时候是不是也自己来试试呢？那就祝大家生日快乐！祝你们组织的生日会圆满成功！

　　附：果果生日策划书

一、活动背景
　　果果的生日会
二、活动目的
　　玩，交流感情以及庆祝生日
三、活动主题
　　果果庆生会
四、活动对象
　　小A，小B，小C，小D，小E，小F
五、活动时间与地点
　　时间：8:00—13:00/13:00—16:30
　　地点：果果家/具体地址：(xx区xx街道xx号)
　　备注：果果妈妈联系方式：1xxxxxxxxxx
六、活动开展
　　(一)活动准备阶段
　　　　1)　布置任务
　　　　　　a)妈妈：当司机
　　　　　　b)果果：跟着玩
　　　　　　c)姥姥：食品准备，摄影
　　　　2)　经费赞助(450元)
　　(二)活动举办阶段
　　　　活动内容
　　　　a)看电影
　　　　b)采摘
　　　　c)玩(航模，电脑，下棋，乐高)
　　　　d)吃饭
　　　　e)做航模
　　　　f)读书

七、活动执行
　　1)负责人:果果
　　　负责事项:照顾同学们玩得开心
　　2)负责人:姥姥
　　　负责事项:准备食品,摄影
　　3)负责人:妈妈
　　　负责事项:当司机,负责接送同学

八、注意事项
　1. 8:00准时在学校北门集合,送回来。
　2. 吃完午饭送走一部分回家(在北门接)
　3. 告知特殊情况(过敏食品,特殊接送时间等)
　4. 生日礼物不能超过十元钱
　5. HAVE FUN!

15 开学第一天
——培养孩子自我管理能力

俗话说"万事开头难"，如果我们不能好好把握住每一个开端，那么，我们将错失一次教育的时机。

饭袋带回家？

果果的学校要求他们每天带饭袋去学校，袋子里面装着筷子、勺子、小碗，还有餐巾纸、小桌布之类的用品。

第一天放学，我去接他。他们班的同学排着整齐的队伍，每个人手上都拎着一个小饭袋。他把小饭袋递给我，我问："你为什么要把小饭袋带回来呢？"

果果脱口而出："里面的小碗小勺要带回来洗呀。"

我问他："那谁洗呢？"

果果理所当然地说："妈妈洗呀。"

我又问："这饭是谁吃的呢？"

果果说："我吃的呀。"

"那既然是你吃的，为什么要我洗呢。"

果果有点失望，说："那好吧，那就我洗吧。"

"那既然回家也是洗，在学校也是洗，你为什么要拎回来洗呢？"

果果说："学校没有洗碗布啊，没有洗洁精呀。"

然后我就给他配置了洗洁精和洗碗布，让他平时在学校洗。只有周末回家的时候，我才让他把饭袋带回来，检查一下他有没有洗干净。

后来，有一次开家长会，老师在家长会上表扬了果果，说全班只有一个同学坚持每天都在学校把餐具洗干净。

我一直很注重培养果果的独立能力，像在洗碗这件事情上，虽然是一件很小的事情，但是我认为，就是应该从小的事情上培养孩子自己的事情自己做的能力和习惯。平时放学，他的书包我也从来都不帮他背，都是他自己背。

学校里都发生了什么？

每天接果果放学回家的路上，我一般会问他这几个问题：

① 今天在学校里有什么特别的事儿发生呀？比如上课时，课间活动时……

② 有什么人让你印象特别深刻吗？比如同学，老师……

③ 你今天有什么样的收获或感受？

④ 你觉得有什么需要爸爸妈妈帮助你的吗？

在果果回答的过程中，我会给他一些提醒，调动他的思维和记忆，还会追问具体的细节、事情的原因、他的感受，会多问几个为什么。前两个问题是关注具体的事情以及相关的人，后两个问题是关注孩子和他的感受，表达父母对他的关心。了解孩子所关注的事和人，其实是了解孩子的价值观，了解在他心里觉得什么好什么不好。通过孩子的回答，还可以判断他在学校的学习情况以及情绪怎么样。

每天孩子放学回家时，正是孩子最活跃最兴奋的时候。父母可以好好利用这段时间，通过几个简单的问题给孩子充分表达的机会，从而了解孩子，引导孩子，增进亲子关系。

各项约定一二三

（1）回家七部曲

放学回家之后，一进家门，果果就能看到我们一起做的一个小展板。小展板上贴了他的课程表，还贴了一些我们的约定，也就是我们的七部曲：①放好书包换鞋衣；②讲究卫生把手洗；③一定喝水吃东西；④赶紧坐定先复习；⑤再写作业心有底；⑥检查对错需仔细；⑦收拾准备好欢喜。

七部曲
1. 放好书包换鞋衣 ✓
2. 讲究卫生把手洗 ✓
3. 一定喝水吃东西
4. 赶紧坐定先复习 ✓
5. 再写作业心有底 ✓
6. 检查对错需仔细
7. 收拾准备好欢喜 ✓

（2）时间约定

七部曲除了对他回家之后洗手、吃东西、做作业等事情做了约定之外，还约定了做每件事情的具体时间，甚至约定好晚上无论有没有写完作业，都必须九点钟熄灯睡觉。我还给他买了一个小闹钟，来提醒他。

我们约定从他放学回家到晚上九点睡觉之间，如果他能够快速完成这些事情，剩余的时间就可以用来玩，可以看电视打游戏玩手机。（当然为了保护视力，我们对使用电子产品的时间也是有要求的）为了多出时间来玩，果果养成了飞快地上厕所，飞快地洗手，专注地写作业的习惯。

（3）书桌管理约定

除了时间方面，我还对他的秩序管理有约定。我们约定他的书桌上不能摆跟学习无关的东西，如不能摆零食，目的是让他对书桌的功能有一个非常明确的认识。并且我们约定书桌上的每一个东西，比如说橡皮擦、书，都要放在一个固定的位置，不能乱放。

为了让果果达到桌上物品摆放整齐的目标，我和他经常会一起玩一个游戏。这个游戏就是先把果果的眼睛蒙上，然后我说："请听题，第一，拿铅笔；第二，拿卷笔刀；第三，拿橡皮擦……"

然后果果就闭上眼睛，凭着记忆去拿那几样东西。这个游戏的好处就是，既能锻炼他的记忆力，培养他整洁、有序的习惯，又能通过游戏的方式有效解决秩序管理的问题。

（4）记录家庭作业的约定

除了时间的自主管理、秩序的自主管理之外，我们还培养他自我记录的能力。我对他的要求是，每天的作业必须自己记录下来。我让他意识到记作业是他自己的事情。

（5）学习习惯的约定

当然，还有更重要的自主学习能力的培养。每一天上课回来之后，他都要复习当天所学的课程。在他复习课程之前，我会让他自己先做一个预估，预估他复习每一门课程可能需要的时间。比如说今天上了数学课，他要复习数学课，我会让他估计复习数学需要的时间。他可能认为需要十分钟，我再让他把实际用的时间记录下来，实际上他可能需要二十分钟。

复习结束，就开始做作业环节。在做作业时，我们也采取了相同的办法。虽然一开始果果预估时间不准确，但是随着预估次数的增多，他对自己时间的估计也越来越准确。当然，除了时间约定外，我们还约定：写作业过程中遇到不会的问题不能翻书，不能吃东西，尽可能不上厕所，严格按照学校里考试的模式来要求。这个过程其实就是对孩子进行考试的训练。因为考试的时候不准翻书，不准吃东西，有具体的时间限制。如果平日里把每次做作业都当成一次考试，等孩子考试的时候，他会认为考试就是做一次家庭作业。

做完作业要检查，检查中发现的错题或者模糊不清的问题，都记在单独准备的一个小本本里。这个错题本的用处可大了！平日里经常翻翻、做做，可以巩固薄弱环节；考试前翻翻、做做，可以查缺补漏。所以有这样一个小本本是很有必要的。

最后就是预习了。预习的时候也要有时间的预估。这种预估的好处在于，一方面，可以锻炼他预估时间的能力，这样他在考试的时候也能更准确地估计自己做题的时间，不容易出现因为时间不够做不完的情况。另一方面，可以锻炼他在时间的压力下去学习的能力。因为有一个自己预估的时间，所以他会尽量让自己在预估的时间内完成任务，这样他在做作业、复习、预习的时候就会比较专注。

（6）听写约定

关于学习的自主管理，果果学校要求他每天回家之后，要让家长听写语文生字和英语单词，但是我从来没给他听写过这些。我给他提供了一个录音笔，让他自己先读单词，再用录音笔录，再放出来自己边听边写。一开始他打开录音笔，飞快地就把词读完了。后来发现读得太快，写的时候跟不上。后来，他自己想了个办法，录的时候读完一个单词，自己先在纸上写一个单词，然后再读，再写。这样最后放录音的时候，自己写的速度就跟得上了。这样一来，他自己读了一遍，写了一遍，最后又听写了一遍，总共三遍，也加强了他对单词的记忆。

（7）书包管理约定

果果上幼儿园时的书包，总是乱七八糟的，里面的橡皮擦、书、玩具都胡乱地堆在一起。小学开学第一天，我就跟果果一起想办法来整理书包。我给果果买了几个不同颜色的文件夹，把不同科目的书分门别类，放在不同的文件夹里。

如果孩子能很好地进行秩序管

理，他就不会因为找不到东西而产生烦恼。有序的习惯还可以帮助他节约时间。在物品摆放上要求孩子有序，能够帮助孩子集中注意力，培养孩子专注的能力。很多孩子注意力不集中，我觉得这跟不爱收拾、无序的习惯也有一定的关联。

果妈说

　　好的开头是成功的一半，另一半需要不懈的坚持和习惯的养成。

　　开学的第一天，对每个孩子和家长都很重要。如果每个环节能坚持执行，相信孩子会养成很多好习惯，比如：主动复习、主动预习，有效的时间管理、秩序管理、自我管理等等。每天放学后跟孩子的交流更能增进彼此的感情。现在每天放学接果果回家的时候，他都不用我问，就主动跟我聊学校里发生的各种事情。至于学习，他更是很少让我们操心费神，他会处理得很好。可能刚开始培养习惯的时候，我们很辛苦，但一旦习惯养成了，会越来越轻松。这不正是我们做家长的愿望嘛！让孩子能够"不用扬鞭自奋蹄"！

　　这期间，大家会发现，我每次想和果果达到一些目标，总是要先和果果约定。家长想让孩子做一些事情，让孩子遵守一些规矩，最好是和孩子一起商量出规则，但是必须严格遵守。让孩子知道：你是自由的，但你必须遵守游戏规则，从而达到自主管理的目的。

年纪较小的孩子往往没有时间观念，他们总认为时间有的是，随意性很强，也没有管理时间的意识，对父母的依赖性也很强。家长可以通过一些约定来促使孩子加强时间管理的意识，但是要注意给孩子留出自由支配的时间，让他们去完成他们最想做的事情，让他们感受到自己拥有主动权。当然权力也是责任，孩子会对自己产生责任，这样最能激发他们的能动性。

　　很多父母心疼孩子，也有家长觉得孩子做事太慢了，就替孩子整理和收拾东西，其实这剥夺了孩子学习的机会，会让他们形成依赖心理。孩子刚开始收拾会慢一些，这时，父母不要着急，也不要代劳，孩子慢慢地就会快起来的。让孩子养成自己的事情自己做的习惯，也是在提高孩子自主管理的能力。

　　一般来说，自主管理能力差的孩子，往往思维能力也相对弱一些。家长可以通过提高孩子生活管理、时间管理、秩序管理、学习管理等方面自我管理的能力，来提高孩子整体的思维能力。孩子的自我管理能力不是先天获得的，更多地是靠父母的培养、引领和孩子在生活中的磨砺获得的。

 果果说

　　我觉得现在的小孩儿缺乏几种能力，第一是时间管理能力。你想想是不是经常有这样的情况：到睡觉时间了，你还在玩游戏，老妈发话了："别玩游戏了，快去睡觉！"你边玩边说"再玩会再玩会"。一个小时后，老妈嗓门又高了几度"怎么还不睡觉！"你眼睛盯着屏幕嘴里说着"好好，这就去睡"，半个小时后，老妈怒了"赶快睡觉，不然我全没收！"你赖赖唧唧讨好地说"行行，把这个打完就去睡"，十五分钟后你躺床上呼呼了，老妈叹气"这小子，终于睡了！"

或者有没有这种情况：放学回家了，听妈妈的话放好书包去屋里写作业。一小时后，老妈叫你吃饭了，一看，咦？一道题都没做完。怎么回事？再一看，旁边手机正在充电，手机上还有几条游戏记录。

以上这些就是缺乏时间管理的反面教材。

缺乏的第二种能力是独立自主的能力，就是自己的事情自己做。"妈妈，帮我关灯"，"妈妈，帮我收拾下书包"，"妈妈，帮我削削铅笔"……

第三就是自我管理能力。我认为它也是一种自我约束力。可以把这种能力比喻成一种考试，考试满分通过，就是一个完美的小孩儿；考试优秀，也挺好的，可能只是有点小毛病；考试良好呢，那你就得注意啦；考试及格，更得注意了；考试不及格，重修！

怎么通过考试呢？首先要看你的态度。比如该睡觉了，就放下游戏，马上去睡，这是优秀；再玩十五分钟后去睡，良好；玩二十分钟才睡，及格；如果超过一小时就不及格了。再举个例子，拿写作业来说吧。作业写完了，而且认真检查了很多遍，虽然不一定全对，因为这跟能力有关，但是认真写完并检查了，就是高质量地完成作业，这是优；好好写作业了，也检查了，但不够认真，良；写完作业了，没检查，这是及格；没写作业，不及格，重修。

我写作业很快，在学校基本上就能完成，我是怎么安排的呢？我把写作业分成几种境界，第一重境界，放学回家写作业，这是家庭作业的本质。第二重境界，在学校就能完成，回家就能玩或者干点自己想干的事儿。第三重境界，上课边听课边写作业，数学和英语我用这种方法在课上就能完成作业，语文如果有作文啊阅读这类的在课上就没法完成了，得课下或回家再完成。需要注意的是，第三重境界要慎用，你得首先保证听课是第一位的。

　　从小我妈妈就从这几个方面对我有约定、有要求，尤其从上学开始，写作业啦，查资料啦，开个生日会啦，都是自己的事情自己做，掰掰手指头，已经六年级啦，现在我还是挺好的，我自信这三方面我都能评个优。

16 果果洗澡记
——学会项目管理，培养好习惯

很多家长都希望孩子有自理能力和策划能力，然而这些能力从来都不是一蹴而就的，而是从生活小事中慢慢培养和练习出来的。我把自己多年的企业管理以及项目管理经验用到了培养儿子的过程中，并把一些实用的工具、方法教给了他。这不，在我们家，果果洗澡，洗出了好习惯，更习得了项目管理的基本方法。

很多小孩子洗澡的时候，都是由妈妈来准备沐浴用品、换洗衣物和洗澡玩的小玩具，甚至是家长帮着洗。我们可以从洗澡这件小事上着手，来锻炼孩子。

一开始，果果洗澡也是由我准备。果果四岁的时候，有一天，我试着问他能不能今后自己洗澡。果果想了想说："不行！我害怕水。"

我不明白，问："果果你不是会游泳吗，为什么害怕水？"

果果摇摇头："我是害怕自己冲头发，水会进眼睛。"

我说："果果，你在冲头发的时候，把眼睛紧紧闭住试试。"

果果说："我知道要闭眼，但一害怕就忘了。洗发水弄到眼睛里特别难受。"

我说："那咱们想想，除了闭眼，还有什么办法能不弄到眼睛里？"

果果灵机一动，说："可以戴泳镜。"

"对，可以试试。还有呢？"

果果问："妈妈，有没有那种戴在头上的塑料圈，可以遮住眼睛，让眼睛不被上面下来的水冲到？"

我想了想，说："可能没有吧。"

果果说："可能有！就像夏天戴的太阳帽一样，只不过不是挡住阳光，而是水。"

听着很有意思，于是我就上网搜了一下，居然真的有这种东西。其实孩子平时的很多小想法，都可能是生活中的创意和发明。

没有了眼睛进水的困扰，我问果果："那下次可以试着自己准备东西去洗澡吗？"

果果想了想说："嗯，可以试试。"

"那，果果你说说，平时洗澡需要准备什么东西？"

"有洗发精、沐浴露、毛巾。"

"还有呢。"

果果一边想一边数着："换洗的内衣裤、放在水里的玩具。"

"嗯，差不多了，从下次开始你就自己准备啦？"

"好！"

第二天，果果在洗澡前，果然自己跑去拿了各种东西进浴室。

我按捺住好奇心，没有帮他，过了一会儿，不出所料，听到果果在浴室大喊："妈妈，我忘了拿浴巾啦！帮我拿一下！"我拿来大浴巾递给他，他不好意思地说："谢谢妈妈。"

后来的几次，果果也忘记过一些东西，但是在一次次的失误中，他慢慢学会了把东西全部备齐。

在对所需的东西完全熟悉之后，为了让自己更方便快捷，果果开始优化方案了。比如，果果跟我提议："妈妈，以后我的大浴巾能不能在洗澡后就放在浴室的架子上？"

我问："为什么啊？"

"这样每次我不用跑到衣柜里去拿，就不会忘了。"

我想了想说："可以。"

"还有，我的内衣裤能不能放在离浴室最近的柜子里？"

"嗯，可以。"

后来果果还把他在泡澡时要玩的玩具，想看的书全部整理在一起，打包放在浴室旁边的架子上，每次要洗澡的时候一起拿，节省了来回跑的时间。

洗澡中还有一个小插曲。果果虽然平时自己洗澡，但有时也会跟我撒娇，比如让我帮他吹一吹头发什么的。我照做之后，果果很开心，跟我说："妈妈，您今天帮我吹头发，那我发给您一张卡。"

"什么卡啊？"

"嗯，抱抱卡，终生有效。"

"什么是抱抱卡啊？"

"因为妈妈帮助了我，妈妈您下次拿出这张卡，我就可以跟妈妈拥抱一次，不论当时我是不是想和您拥抱。"

"嗯，明白了。"

于是果果拿出自己画的一张小卡片，上面写着"抱抱"，拿给了我。

我问："这是对妈妈的奖励吗？"

"对，我帮助妈妈，妈妈就会奖励我，妈妈帮我，也应该得到奖励。"

果果还发过亲亲卡和捶背卡给我，非常有趣。但有时候果果撒娇失败，我不帮他做事的时候，果果就会不高兴地用"取消妈妈的一张卡"来作为惩罚。小家伙竟然还学会了赏罚分明。

果妈说

从包办到自己完成，需要科学的管理方法。

孩子洗澡是件小事，不过要想让孩子做到从父母包办到自己完成，还是需要父母做一些引导的，父母可以引导孩子把独立洗澡当成一项需要自己完成的项目，类似于企业里的项目管理，从前期的设计准备，到优化现有流程，到最后进行适合自己需求的创新。让孩子从一开始对洗澡需要的东西进行设计准备，到后来对洗澡方案进行优化，通过优化流程，孩子慢慢摸索着把自己要做的事情系统化、条理化、方便化。除了优化现有流程，孩子还能创造出自己专属的东西。比如果果爱在泡澡时看书，但举着书又容易把书弄湿，为此，他找了一个小塑料盆，把书放在里面，再用手扶着漂在水面上的盆，书就不容易湿了；因为坐在浴缸里看书时，头靠着墙很累，他翻出了充气小颈枕，戴着颈枕一边泡澡一边看书。通过洗澡这种生活小事，果果的自主能力得到了锻炼。

生活中的一件件小事，如果父母用心，其实都可以成为一个个小项目。通过这一个个的小项目，不仅可以解决生活中的问题，还可以让孩子更好地成长。

 果果说

亲爱的小朋友们，你洗澡的时候是自己洗呢，还是让爸爸妈妈帮忙洗？爸爸妈妈帮忙洗虽然很舒服，但是会耽误爸爸妈妈的时间，而且会少很多的乐趣，他们总是着急让你快点洗完，他们好忙别的事情，其实我们还没玩够呢。自己学会洗澡之后，就自由多了，可以边洗澡边玩玩具，还可以拿本书在浴缸里边泡热水澡边看书，再放点音乐，这种感觉真是太美妙了。时间可以由自己支配，不用着急忙慌地为了洗澡而洗澡，真是很棒！当然，刚开始的时候都会遇到很多困难，但千万别着急，一点一点慢慢来，总有一天你们也能做到的。记住了：办法总比困难多。

另外，在很多事儿上，叔叔阿姨们可以少操一点心，少替小孩子做一点，小孩子就能多成长一点。就拿洗澡来说，虽然事情很小，但我就想出来了那么多好办法，让自己洗澡更方便了。等您放手让小孩子自己去做一件事情的时候，您会发现，小孩子的创造力是无限的，可以自己找出优化现有事情的很多方法。所以，不管是洗澡还是其他的事，能让我们自己做的事情就尽量让我们自己去做，您会发现，我们会给你们很多惊喜的！真的！

17　分房睡

——分离是孩子独立的开始

　　孩子的成长是与妈妈逐渐分离的一个过程，最初，他离开母体来到这个世界，以后，他会离开妈妈的怀抱，走进幼儿园、走进学校、走进社会、组建家庭……一次次分离，意味着成长、意味着独立。

　　可能很多人看到的是这些大的分离，而在家庭中，也存在着经常被大家忽视的另一种分离，比如从爸爸妈妈的大床挪到自己的小床上睡觉，从与父母共享一个房间到辟出自己独立的空间。从分床睡到分房睡，分离是孩子独立的开始。

　　果果三岁前，睡觉始终是跟我和果爸睡在一个床上的。每晚搂着软软暖暖的他，作为妈妈，我的幸福感、充实感爆棚，而且有他在床上又爬又跳，总是充满了欢乐。这种幸福感，相信每个妈妈都感同身受。所以在情感上，我总是舍不得跟果果分床睡，总觉得他还小，但随着果果年龄的增长，我在理性上明白是时候让果果分床睡了。因为在心理学上，三至六岁的孩子处于性蕾期，儿童表现出对性的好奇，会产生一些复杂的心理状况。孩子长时间与父母同床而眠，有可能滋生恋母或恋父情结，甚至成年后出现性识别障碍，即对自身性别的行为认识与真实解剖特征相反。因此，三岁开始分床睡很有必要。于是我和果爸果断地准备将果果从大床驱逐到小床上。这期间，我和果爸煞费苦心，先是讲道理，然后威逼利诱，果果都不为所动。再后来果果一听到我们要跟他分床睡，就不高兴了，有时还着急地哭出来，说："妈妈你不喜欢我了！我不要离开妈妈，别的小朋友也是跟妈妈爸爸一个床睡的！"我提了几次，都遭到了果果的强烈拒绝。

果果有看动画片的习惯，他特别喜欢原版迪士尼的动画，而且这段时间迷上了乐高玩具。针对这个年龄段的特点，我带果果去逛了一家迪士尼创意家居店。一进门，果果就走不动了，那些跳跳虎啊，维尼熊啊，米奇啊，麦昆啊，吸引了他的眼球，动画片里的各个卡通人物活灵活现地呈现在各种家居用品上。那些可爱的儿童床、小巧的衣架、拼插起来的小椅子，色彩亮丽，家具的尺寸大小跟他的身高也正好匹配，果果仿佛进入到了一个迪士尼梦幻乐园！最好玩的是，这些家居用品竟然可以拼装，更是激发了果果的兴趣，最后他竟然动起手来——尝试去拆开摆放在展厅的赛车儿童床，想看个究竟！当拆开第一块床板时，果果骄傲地跟我说：

"妈妈，我太喜欢这些玩具了！有赛车麦昆！还能自己拼装，太好玩了！妈妈你给我买回家吧！"

我装作为难地说："果果，你不是睡在爸爸妈妈的大床上吗，咱们用不着这样的小床吧？"

果果抬起头看了看我，眨眨眼睛，抓住我的胳膊开始央求我：

"妈妈，要是有了这张小床，我就不睡你们的大床了，妈妈你就给我买吧！"

"你真的决定要自己睡这张小床，不再睡爸爸妈妈的大床了？"

"嗯，我还要自己把床搭起来！"

小床就这样被搬进了我们的房间。买这张床不只因为果果喜欢，我也进行了综合考虑。

首先，材料安全。这套家居产品用的是一种环保材料，最大的特点是安全，柔韧性和抗压性都比较好，我也不用担心果果会磕到、碰到、撞到，而且颜色鲜艳，既实用，又可以作为房间里的一种装饰品。

其次，组装方便。小床搬回家，我们跟果果一起按照形状、大小做了分类，一块一块根据床的结构把它拼插完成。在这个过程中，果果非常积极，动脑筋琢磨这根长板放哪儿，那块底座放哪儿，这个侧板在左边还是右边，就跟玩乐高似的。这不仅锻炼了他的动手能力，还让他有了空间感，感受到了从平面到立体的变化。

最后，果果喜欢这个小床还因为上边的装饰全是他喜欢的迪士尼动画人物，虽然离开了爸爸妈妈的大床，但是小床上有果果熟悉并喜欢的麦昆啊，麦克飞弹啊，板牙啊，小床为他建立了和这些熟知的动漫形象的连接，让果果心里安全感倍增。

小床拼完，大功告成，果果兴奋地躺在上面，吃饭都不想下来了，逗得我跟果爸直乐。果果就这样从大床换到了自己的小床，很自然地实现了分床睡，也为后来的分房睡打下了基础。

当果果逐渐适应了自己睡小床之后，我们又开始酝酿分房睡。

为了让果果将来能够喜欢自己的房间，我们在房间里陆陆续续添置了果果自己选的迪士尼EVA的很多家居用品，有迪士尼城堡、小小衣柜、立式小衣架、上面带有英文字母和乘法口诀的学习桌椅、可

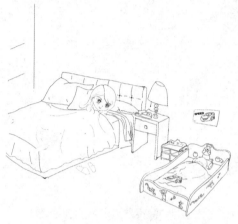

以和妈妈一起玩的游戏桌椅、小摇马等等。于是我们的卧室里出现了两种风格，一种是成人的风格，一种是卡通风格，颇有房中房的感觉，很是有趣。他每天在这个房间里，敲敲打打，玩过家家，忙得不亦乐乎。晚上爬到自己的小床上，再美美地睡一觉，看得出来，他太喜欢这个他自己营造的快乐安心的场所了。

转眼间，果果该上小学了，我们开始着手进行分房睡。我们跟果果说："果果马上就是一个小学生了，和幼儿园的小朋友不一样了，要更独立、更勇敢。应该自己在自己的房间里睡觉。"但说了多次，果果依旧不为所动。于是我们又如法炮制，还是从选家具开始。由于迪士尼EVA儿童家居用品适合不到六岁的儿童，随着果果年龄的增长，他的身高体重跟这些家具已经很不协调了，于是我们跟果果商量拆装打包送给朋友的孩子继续使用。

我对果果说："咱们卧室里的小床是给小朋友睡的，我们果果现在这么高了，我和爸爸现在真诚地邀请果果先生做个小小设计师，自己设计自己的房间，怎么样？"

果果看着我的眼睛，高兴地说："真的吗？妈妈，太好啦！"

我笑着问："嗯，果果先生，我现在采访一下您，作为这间屋子的设计师，你想怎么布置啊？"

果果托着小脑袋兴奋地说："我希望我的好朋友们都在这儿，麦昆啊，板牙啊，跳跳虎啊，维尼熊啊，他们天天都能陪我玩！"我笑着说，"可以啊，除了这些，房间里还需要什么呢？"

果果看了看屋里，眼睛一亮："恩……我想要一张可以做美梦的床，还有一个可以说话的书柜，这样我想听什么书它就可以念出来，还可以提醒我玩具放在哪个架子上，我就不用找啦。"果果在屋里转了一圈，跑回来告诉我："我再要一个可以陪我，嗯，教我学习的桌子！爸爸妈妈不在的时候就有人教我做作业了，还要一个可以变高变矮的椅子，能有轮子就更好啦！"果果洋洋得意地仰着小脸问我："妈妈，您觉得怎么样？"

我说："真棒！"

果果："那咱们今天就去买家具吧！"

就这样，我们一起到了家居卖场。果果在儿童家具区好奇地跑来跑去，面对琳琅满目的家具犹豫不决。他到这家摸摸书柜，到另一家又去床上坐坐，看来看去，就是没找到他想象中的家具。

一会儿，突然听到果果大声叫我："妈妈，快来看这个！"我跑过去一看，果果指着一个书柜，上面竟然印着汽车总动员里的麦昆，那是果果最喜欢的动画形象！原来这家店可以定制家具图案，从迪士尼角色到自己的照片都可以按照自己想要的尺寸和位置喷涂在家具上。果果一下子被吸引了，牵着我的衣角，高兴地跳着说：

"妈妈，我要选这个，这样我的朋友们就能天天陪我啦！"

在这家店里，果果又被一张书桌吸引了过去，原来是书桌自带的学习机里的闯关小游戏开始啦，果果专注地点击、闯关，可兴奋了。果果拉着我的手说："妈妈，这个书桌太好啦，有麦昆陪我学习、做游戏，可惜就是我没找到会说话的书柜！"我摸摸果果的头安慰他，"没关系的，等你长大了你可以自己设计、生产你想要的家具啊！"果果点点头："嗯！我要快点长大，我要设计出我们小朋友喜欢的智能家具！"

最后，我们在这家店订了全套儿童家具，果果精心选了好几种麦昆的图，回来又挑了一些家庭合影发过去，这些都完美地印在了家具上。

看到自己精心挑选的家具摆好了，原来空荡荡的房间变了个样，果果开始喜欢白天过来玩，喜欢在小床上躺躺，开始把自己的玩具一点点拿过来，让我把他的衣服挂在小衣柜里，书也摆在新书柜里，他开始一步步布置着自己的房间。我平时也特意经常带着他在房间里玩，搂着他看书，让他在这里有开心的记忆。

果果特别喜欢一个毛绒的小企鹅玩具，经常晚上抱着睡。于是我想到，是不是可以引导他移情一部分对父母的依赖到喜欢的玩具上呢？于是我出差的时候，就跟果果说："果果，你睡觉抱着小企鹅，就像抱着妈妈那样。"或者"妈妈不在的时候，小企鹅代替妈妈陪着你吧。"慢慢地，果果在我不在的时候，就习惯了抱着它睡。

有时候果果会无意中拿起我换下的衣服，放到鼻子旁边闻闻，一脸享受地说："有妈妈的味道"。这让我意识到，对孩子来说，他的嗅觉也反应出对父母的依赖。于是有时我特意把自己的睡衣放在果果的小床上，或者在涂过常用的手霜之后，去叠叠果果的小被子，整理一下他的床铺。这样晚上他在自己的房间里，就能因为有妈妈的味道而感觉安心。

因为果果经常说怕黑，我让果果自己选了个喜欢的小夜灯，这个小夜灯发出的光淡淡的、柔柔的，果果说这个灯光就像妈妈的目光，让他感觉很舒服，一个人睡也不害怕了。这样，我们在视觉、触觉和嗅觉各方面都为分房睡做了充足准备。等到果果上学第一天，我认真地和果果说："果果，你今天就是小学生了，我们说好的，今天晚上就要自己睡了哦。"果果点点头。

到了晚上，果果真的抱着自己的小企鹅，主动回自己的房间了。果果一盖被子，惊讶地说"有妈妈手上的味道！"然后果果很用力地吸了一大口，再缓缓呼出来，一副很享受的样子。我看到果果安心的样子，摸了摸他的头，说："好啦，我开始讲故事啦。"

于是我坐在床边给他讲睡前故事，直到他睡着。因为不放心，我几次起来，偷偷去果果房间看他，一夜都没睡好。第二天，我跟果果爸爸说："我起了三次，看他都睡得很香，这才放心了。"果果爸爸不禁笑了，说："我也起了两次

呢。"仔细想想，我们说孩子离不开我们，不知是孩子舍不得父母多一点，还是父母舍不得孩子更多。

后来，虽然和果果分了房间，全家还是会约定好，每个月找个周末，三个人一起在大床上睡一宿，一起聊天、看书，和其他两个人讲讲自己的事情，算是我们固定的家庭日，来维持"独立"和"家庭亲密关系"两者的平衡。在这种时刻，我们总会惊喜地发现果果的成长。比如，作为一个小男子汉，果果开始要求睡在爸爸一侧了，早上起床还主动帮我们整理床铺，等等。这些，都是果果独立意识觉醒的体现。

果妈说

抓住生活中的关键时刻，帮助孩子走向独立。

家长通常认为孩子长大独立是自然而然的过程，但是实际上还是需要适时引导的，家长可以设计一些循序渐进的方法，而不是期待一蹴而就。果果从分床睡到分房睡，看起来是两个简单的过程，但在情感上，是孩子成长的重要里程碑，所以我选择了两个重要的时间点，一个是三岁上幼儿园，一个是六岁上小学。在这两个时间点，如果配合着做一些改变，可以强化果果"上幼儿园、上小学"的仪式感，强化"很多事情上幼儿园了、上小学了就要有变化"这样一种观念。让孩子的家庭教育跟学校教育同步，使孩子能更好地适应新的生活。

家长需要在日常小事中多注意，多一双发现的眼睛，用心去发现孩子在这个年龄身心发展的特点。比如三岁的孩子，正处于第一反抗期，最喜欢说的就是"不"，所以在跟孩子沟通交流时，要更多地站在孩子的角度考虑他的喜好、他的兴趣点、他的关注度，围绕着孩子的所思所想所喜，然后给孩子更多的自主权，这样就会有意想不到的结果。我之所以选择迪士尼的家具，一方面因为品牌和品质，另一方面也跟孩子的认知有关系。孩子是看着迪士尼动画片长大的，所以对于迪士尼动画里的卡通形象有天然的亲切感。因为喜欢，所以就会接受。每个孩子都有自己的最爱，只要你找到了孩子的触动点，建立了连接，接下来的沟通就容易多了。果果到了六岁，又成熟了许多，情绪情感的发展到了一个新的水平，这个时候，要通过移情作用，减少孩子对自己的依赖。让孩子一点一点接受生活方式的改变，让孩子逐渐适应，并且体会到独立带来的成长的快乐。当然，作为父母，在锻炼孩子独立的过程中，一定也要抑制住自己的不舍，从内心真正坚定地去把孩子向前推一步，而不因为自己内心的小软弱，耽误了孩子独立意识的培养。

 果果说

在这里，我要提一件事，叫作"独立"。拿睡觉举例，小时候跟家长睡，那不叫独立，自己睡才是独立的开始。但是，一般来说，家长有两个方法，一个是强行把你扔到另外一个房间睡，这样我们会很痛苦，没了爸爸妈妈在身边，你懂的。呜呜呜。还有就是软着陆，爸爸妈妈通过各种方法，让你适应，最后达到独立的效果。我妈妈做得就很好，我的小世界我很喜欢。迪士尼的家具真的很赞！

第 **5** 章

社会交往与人际关系

现在大部分孩子都是独生子女，他们往往缺乏与他人交往的技能，而一个人的交往能力常常会决定他的才能能否被社会所认可。一个人要在社会上生存，就必须学会社会交往。

孩子的交往范围离不开家庭、学校、社会这三个场合。我们做父母的一定要寻找机会，抓住机会锻炼孩子的人际交往能力。

18 管乐团里的风波
——学会承担责任

参加管乐团的好处太多了，可以培养孩子团队协作能力，可以提高孩子的音乐素养等。在管乐团里，有时候孩子和孩子之间发生的摩擦和冲突，更能让孩子学会承担责任。

果果上五年级时，有一次，管乐团训练课间休息的时候，果果和乐团一个高年级的团友起了一点冲突。事情源于他们两个人闹着玩，那个同学又高又壮，力气很大，把果果压在下面，果果挣扎着躲不开，就随手拿着提琴的弓向上一戳，不小心戳到对方脸上了。后来果果继续和其他同学玩闹，也没太注意那个团友的反应。

两天后训练时，老师发现有个吹小号的同学脸肿了，没法参加训练。马上要参加汇报演出了，老师很着急，盘问之下，才知道是前天和果果两人打闹，被琴弓戳肿了脸。老师很严肃地批评了果果，并要求他认真反省并向团友道歉。果果答应了。

训练结束，我去接果果的时候，果果看起来情绪低落，我问他："怎么了？"

果果说："妈妈，前天团里有个高年级的男生跟我打闹，我反抗的时候，拿弓把他的脸戳了一下，结果今天发现他脸肿了，不能训练了。老师批评我了。"果果越说到后面语气越弱。

我把车停在路边，详细地问了前因后果，认真地跟果果说："果果，这件事你有很大的错误，你知道错在哪里吗？"

果果委屈地说："我知道，是不该打人，让同学受伤了，但我是正当防卫啊。"

"妈妈明白，你觉得是别人先要把你压在下面，你才反抗的。但你有没有意识到，你是用了琴弓当武器去反抗，一来是不尊重乐器，你是因为热爱音乐才来练习的，如果不尊重乐器，就像有些人不喜欢读书，就拿书乱扔乱撕，用来打人一样，是不好的行为。"

果果沉默着点点头。

"二来，用琴弓去戳人，非常危险，戳到脸上脸颊会肿，如果戳到了眼睛或喉咙，后果更是不堪设想。妈妈以前多次跟你说，安全无小事，哪怕一个小小的动作，也会引起很严重的安全事故。"

果果低下了头，说："我知道错了。"

我停了一会儿，说："果果，你还有一个错误，你知道是什么吗？"

果果看了看我，慢慢地说："我知道，是没告诉家长。"

"对，这就是你的第三个错误。前天就出了这件事，虽然当时同学的脸没有肿，但你用东西戳到了人，应该想到，自己这个动作重不重？对方会不会受伤？也应该及时和同伴道歉，和老师说一下这件事，老师也会加强同学相处安全问题的管理。自己如果伤害了别人，即使是不小心造成的，也要有担当，及时道歉，弥补损失。"

果果点点头，说："我知道了，那我现在给他打个电话吧，我明天到校再当面和他道歉。"

于是我马上就拿出手机，给那个受伤的团友打了电话，询问了伤情，果果道了歉，对方家长安慰说："没关系，小孩经常在一起打闹，可以理解，以后大家都要注意安全。"对果果教育完毕后，我考虑到如果把这件事跟孩子爸爸说，果果又要受一次批评，既然已经道歉，也认识到了错误，我们回家后就没有讨论这件事。

本来我以为就没事了，没想到因为没和果爸沟通，后来又产生了更严重的后果。

第二天，我正好有事，是果爸送他去学校的，去时恰好碰到乐团指挥老师，老师随口问了果爸："果果有没有和团友好好道歉？"果爸摸不着头脑，老师看到果爸的反应，就猜果果没有和家长说这件事，可能也没有道歉，就跟果爸大致讲了这件事，果爸对果果的隐瞒行为很生气，但是因为着急上班，就先离开了。等果爸走后，果果赶紧追过去向老师解释："老师，我已经道过歉了，因为只告诉了妈妈，爸爸还不知道。"

老师听了，半信半疑地说："你有没有道歉我还要和团友求证，但至少你没有完全开诚布公地和爸爸妈妈说这件事，对不对？"

果果愣了一下，说："跟妈妈说了，但……还没有告诉爸爸。"

老师摇摇头，很失望地走了。后来经过老师的商议，果果受到停课一个月的惩罚，果果回家后很郁闷又心虚，就没有告诉我们被停课的事情。

又过了几天，我们照常送果果去乐团练习，碰到老师，才知道果果已经被停课，但果果什么都没有说。这回，我感到事情更加严重了，于是回家和果果好好谈了一次。

"果果，关于上次把同学脸弄伤那件事，最后老师是怎么处理的？"

"嗯……让我反思，然后，一个月不能训练。"

"那如果我今天不问，你也没有打算和爸爸妈妈说吗？"我语气一下子有点严厉。果果低下头，很小声地说："我想说来着，但想等爸爸妈妈正好都在的时候一起说，不用像上次那样，只有妈妈知道。"

看他很难过的样子，我摸了摸他，语气缓和了一些："明白了。果果，这件事情一开始本来没有那么严重，只是同学间的打闹，但你发现没有，后来就发展得越来越严重了。"

"对啊，"果果委屈地说，"本来一开始是我被欺负，只是正当防卫一下。"

"嗯，但是上次妈妈和你分析过了，防卫过当会造成什么样的结果？"

"我知道，不应该用乐器打人，而且戳脸很危险。"

"对。还有呢？"

"当时已经打到人，却没有道歉，也没有想到他会不会受伤，谁也没告诉，是我不对。我明白是我错了，而且也和同学道了歉，但碰巧老师问的是爸爸，而爸爸不知道……"

果果哽咽得说不下去了，我抱了抱他说："果果，事情变成这样，妈妈也有责任。"

果果惊讶地抬起头看着我说："为什么呢？"

"因为果果告诉了我这件事，但我们两个处理以后，觉得可以不用告诉爸爸，采取了隐瞒的做法。所以，妈妈的做法影响了你，让你也同样有了要隐瞒问题的想法，而不是及时沟通，让全家人一起面对事实。这件事是妈妈错误地引导了你，妈妈做得不对。"果果看着我，没有说话。

"在生活中，分享信息很重要。你想想，很多误解和冲突，是不是都是因为信息不及时分享，人和人不及时沟通造成的。果果，我们来个约定好吗？作为家庭成员，以后绝不隐瞒，大家开诚布公，共同面对好事和坏事。"

果果想了想，说："好！"

后来，我们和果果想了一些弥补的方法，比如买了零食去慰问受伤的同学，当面再次道歉，在乐团的微信群里再次重申安全问题，等等。这些做法让果果感受到，在同伴间出现冲突甚至伤害的时候，应该采取积极的态度。

因为被停课一个月，果果参加不了练习，看着平时一起训练的同伴在一起，自己却被排除在外，他又焦急又难过，经常跟我念叨："妈妈，平时老训练还觉得有点累，结果现在不让我训练了，觉得特别孤独。"

"所以，每个人都和同伴友好相处，才能维护一个和谐的团队呀！让别人快乐，自己也快乐。"

"嗯，我才发现，原来在乐团里是那么快乐。"

"人际交往中确实也会有大大小小的冲突，但面对和解决冲突的态度才是最重要的。"果果使劲点头。

终于熬过了一个月，果果回到团队后特别高兴，表现比以前还要认真。经过这次风波，在与同伴相处时，果果不但明白了安全的重要性，还体验到了被团队接纳的重要性，也更加重视友谊和集体的和谐了。

果果复课后，有好几次，老师在微信群里分享了全团练习的视频，我看了以后发现都没有果果的身影，感到很奇怪，心里想了很多可能。果果是又被罚了，迟到了，还是偷偷溜出去玩了？后来在接果果回家的时候，我还特意向他的小团友打听果果今天有没有来练习。他们都说来了，参加了正常练习。于是我更好奇了，后来禁不住问了果果。

果果有点不好意思地说："因为我停训了一个月，这期间学的曲子我有点不熟悉，怕直接上场影响大家，还得让大家重来。我就自己先出去单独练习，直到练熟之后，才回来一起合练的。"听完他的话，我很欣慰，他在团队相处中，慢慢学会了考虑他人，维护团队的整体利益。

果妈说

犯错不怕，要让孩子在错误中学会承担责任。

　　孩子在正常的社会交往中，可能会犯各种错误。对于孩子来说，犯错误并不可怕，犯错本身也是孩子学习和成长的一种方式，重要的是孩子要知道什么地方错了，知道如何去改正。如果孩子的错误造成了一定的后果，孩子还要有勇气去面对，能够勇敢地承认错误，并能承担相关的后果与责任。

　　有时，孩子并不一定能认识到错误，或者知道错了却不敢承认，害怕受到惩罚，这时就需要家长来帮助孩子获得正确的认识。当然，家长在遇到孩子的种种情况时，自己首先要能保持冷静，这样才能进一步和孩子沟通，帮孩子分析和解决问题，如果家长先控制不住自己的情绪，可能后面分析和解决问题就不会很有效了。所以，家长要能帮助孩子去分析和解决问题，需要做到的就是能正确和冷静地看待孩子犯的错误，先做到控制和稳定自己的情绪。

　　孩子犯了错误后通常的反应是不敢承认或承担，背后的原因通常是害怕因此而受到的惩罚，这一点也是正常的反应。不过，要解决问题，首先要正视问题，逃避是不能解决问题的，而且可能会让问题越来越大，以后更难解决。当然家长更不能包庇孩子，替孩子担责任，这就让孩子无法直接亲身感受到自身错误行为所造成的不良后果，这就等于是纵容孩子的错误行为，让孩子对错误行为有恃无恐。

孩子犯错误是每个家长都会经常遇到的情况，这时，我们做家长的有几点需要认识到：

首先是前面提到的，孩子犯错误是正常的，这是他们成长的必由之路，我们需要保持一个冷静的心态，这样才能保证接下来有效地处理和解决问题。

其次，面对孩子的错误，首先要考虑如何解决问题，而不要忙着惩罚。先和孩子一起认真地分析，找出问题的原因，和孩子一起提出几个解决问题的办法是最重要的。

再次，孩子犯了错误一定要承担相关的责任，通常会有些惩罚措施。但需要明确的是，惩罚不是目的，不要为了惩罚而惩罚，任何惩罚的措施都只是为了让孩子记住，犯这样的错误，他应该承担后果和责任，下回孩子再遇到同样的情况时，他就会考虑这样的后果和责任他是否能够承担得起。

孩子会经常犯错，通常都是些小事。不过，孩子日后的很多品质就是通过这些日常的小事日积月累形成的，从这一点来说，小事就是大事。孩子从所犯的小错误中能学到过失与责任的关系，对孩子来说将会是受益终生的事情，也会避免孩子以后犯更大的错误。

最后，请记住：

当孩子有了过失的时候，恰恰是最好的教育良机！

果果说

这件事儿算是我干的最糟的一件事儿了。我总结了三个教训，也希望大家引以为戒：

第一，正当防卫是很正常的，但是不能防卫过当，尤其不能使用工具，不能伤害到对方的眼睛、头这些重要部位。

第二，无论发生什么事，都要第一时间告诉爸爸妈妈，因为爸爸妈妈永远都知道怎样可以很好地解决问题。

第三，在一个团队里，一定要有良好的团队协作关系。因为大家都在一个团队里边，要互相帮助，互相体谅，互相学习。举个例子，折断一根木棍很容易，两根木棍也比较容易，三根就费劲了，要是一把木棍，折断起来就很难了。团队就是这个意思，一定要好好协作力量才大。

这三点大家一定要记住。还有，犯错误不可怕，关键是要知道错在哪里，并且下次不犯。因为我们小孩子经常不知道什么是错，所以就没有错的概念，就会犯错，一旦我们知道了就不会犯错了，所以我们犯错是为了不犯错。

19 艰难的讨债之路
——培养孩子评估风险的意识

> 大人讨债都费劲，别说孩子了。看看果果的讨债之
> 路吧。

我们经常鼓励果果在周末业余时间参加一些社团活动。果果四年级时，他参加了一个公益活动——参观汽车博物馆。早上出发前，我问果果："你们这次去需要带钱吗？"果果不假思索地回答："负责组织活动的姐姐说不用带钱！"我说："好的，那你去吧，注意安全哦！"果果背起小书包，我们互相说再见后，他就和小朋友们一起有说有笑地出发了。

中午，我手机微信提示音响了，打开一看，是果果发来的："妈妈，我需要五十块钱，您用微信给我转过来吧！"

看完消息，我就准备用手机给他转账，但是转念一想，这很可能是骗局，最近经常有人微信被盗号，然后骗子冒充本人去向亲朋好友骗钱。不过这五十块钱倒是不多，挺像是果果提的要求，要是骗子的话，就远不止这个数额了。为了以防万一，同时也给果果做个防骗的示范，我给果果发了条消息："你得先证明你是我的果

果，我才能给你打钱哦"。

　　刚发完没一会儿，"嗖"地一下，手机弹出来一个视频，果果在镜头那端蹦蹦跳跳，小脑袋在画面上晃来晃去，说："妈妈妈妈，是我是我，我是果果！"我说："哦，是果果啊，那你为什么要钱呢？"他说："妈妈，这里有自费体验项目，可以开小车，每个人十块钱，很好玩的样子，可是我们组加上我总共有五个人，都没带钱，我是组长，我想向您要钱再借给他们。"我说："那行，我给你五十块钱，不过等之后同学还你四十块钱了，你也得还我哦。"他说："没问题"。我给他转账过去后，他就开开心心地玩去了。

　　从博物馆回来后，一周过去了，两周过去了，果果都没有还我四十块钱，看来他是把这个事情完全忘记了。钱不多，但答应妈妈的事情一定要做到，同时有借有还这个道理还是要跟果果讲清楚的。晚上吃饭的时候，我就问果果："上回在汽车博物馆欠你钱的小朋友都还你钱了吗？"提到这事，果果嘟起小嘴说："只有一个小朋友还我了，其他三个都没还！"

　　我又接着问："那你催债了吗？"果果停下筷子说："催了啊，他们要么就是忘问爸爸妈妈要钱了，要么是忘带了，不过只催了一次，我觉得就十块钱，也不多，就不好意思再催了。"

"哦",我给果果夹了一根青菜,又接着问:"那你在这次讨债的过程里有什么感受呢?"果果垂头丧气地说:"让他们还钱这事,挺不好意思张嘴的。不要吧,还不上借您的钱;要吧,还怕小朋友说我是小气鬼。妈妈,讨债真难啊,欠债的都是爷,讨债的都是孙子。"

果果居然还学会了这句"格言"!看他说出这句话的时候,我觉得很有喜感,但还是忍住了没笑,把手轻轻搭在他的肩膀,问:"那你接下来打算怎么办呢?"他抬起头,看着我说:"妈妈,您要不就干脆别要我还了,就当请我们玩好了!"我故意摆出认真考虑的样子,然后说:"那我要是不同意呢?"他说:"那这次我就只能从自己零花钱里扣钱来补给您了。这个,我实在是张不开嘴让他们还钱,哎。"

我又问果果:"那你下次可能还会遇到有同学来找你借钱,你会不会借了?如果要借的话要注意什么呢?"果果说:"同学有困难,只要有钱,我肯定会帮忙的,借的时候要注意什么?就是借出去的钱如果他们真不还了,我还不好意思要,我的零花钱够不够填补。"过了一会儿,他突然明白了我的意思,说:"哦,妈妈,我知道了,借钱的时候要考虑借的数额多少,如果真还不了了,心里会不会难受,跟他们还能不能做好朋友了。"

"对,真聪明。这叫风险评估,那除了这个,你还要注意什么呢?"

他想了想,说:"如果是没还钱的那三个小朋友来找我借,我是不会再借了。其他小朋友来借,我得想想他们平时是不是有借钱不还的表现。""对，这叫信用评估。"我忍不住插了一句。果果接着说："还有我得看他们是什么原因来借钱。假如是因为玩，因为买路边小摊的零食吃，我要想想他们回去后敢不敢和爸妈说，能不能要到钱来还我。如果是买学习用品，那就可以放心地借，因为这个好跟爸妈说，他们爸爸妈妈都愿意出钱。总之借钱的原因是很重要的。"果果的思考和总结超出我的期待。我表扬了他："嗯，你说得很对，妈妈很赞成你说的话。那你以后可能也会需要借别人的钱应急，那你需要注意什么呢？"他说："我以后借别人钱之前，也要想想这钱能不能还得了，借钱这事好不好跟您和爸爸说，能不能要到钱去还同学。要是还不了，我就不借了。别人欠我钱不还，我不好受，以后我借别人钱的时候，也不想别人像这次的我一样。'己所不欲，勿施于人'，老师上课说的。"他进行换位思考了，还把前几天《论语》里刚学的话都给用上了，萌萌的样子真可爱。

　　我笑着摸摸他的头，说："嗯，真棒！你看，虽然这次你损失了几十块钱，但是经过这件事后，你通过反思，以后可以避免类似的事情再发生，等你长大了，大家借钱数目更大，你以后可以根据今天的经验来思考是不是应该帮忙。这么一想，这事是不是也不那么坏呢？"他想了想，脸上多云转晴，说："妈妈，真的是这样耶！"果果又开心地吃起饭来。

果妈说

培养孩子风险评估意识，有助于提高孩子决策的质量。

孩子向妈妈要钱借给小朋友这个事情，在我们身边经常发生，钱的金额不大，但意义很深远，我们做家长的要让孩子从小养成良好的使用金钱的习惯，同时也要告诉孩子无论做什么都要有诚信，答应父母的事情也一定要做到。

当孩子遇到小朋友借钱不还这个事情时，作为家长，既不应该责怪孩子借钱不小心，也不应该只是简单地安慰几句，或者帮他出钱。否则，孩子以后可能会反复遇到与借钱相关的问题和困惑。在果果这次借钱讨债失败的经历中，其实他受到了四个方面的教育。

第一方面，是培养他面对问题时的思考能力。通过我的问题引导，让他形成一种分析问题的思维模式，即反思为什么会这样，接下来可以怎么做，要注意什么，引导孩子直面问题，启发孩子自己思考问题，解决问题。

第二方面，是关于守信的即时教育。这一次别人的失信带给他不满和困扰，他对这有清晰的感受，这时引导他换位思考，让他反思后得出自己以后不要做一个不守诚信的人，这时他亲身体验到别人失信于他的感觉，即时教育比平时的说教会有更好的效果。

第三方面，是培养他做事之前进行风险评估的意识。孩子以后会遇到很多未知的问题，在做事情之前，先去考虑可能的风险，考虑周全了就可以事先规避。其实很多事情的发展方向，都是有迹可循的。如果能事先做多方位的预测，有助于避免问题的产生。

第四方面，是培养他从消极的生活事件中去发现积极效应的思维模式，这种思维模式对孩子一生的心理健康，幸福感可能都是有重大意义的。

另外，孩子遇挫，做父母的及时关心他的感受，可以安抚他的情绪。孩子是容易情绪化的，往往只有先安抚好情绪，后续的引导才能进行下去，才能形成有效的沟通、引导和启发。

果果说

讲一个小知识，你知道什么是信用卡吗？每次出去消费，数额比较大的时候，爸爸或妈妈会从钱包里掏出一个小卡片，往POS机上边一划或者一插，输一堆数字，就把钱付出去了。这个小卡片就是信用卡。我经常拿着爸爸妈妈的信用卡结账，用起来真的很方便。

信用卡的原理是这样的，银行会根据一个人的信用和财力情况给他一定的可以透支的额度，在这个额度内可以随便花，但是到月末的时候，就得把这张银行卡里透支的钱还给银行，如果到时间不还，就会产生不良信用并登记进征信系统。信用没了，持卡人以后消费时会受到影响，再办信用卡或贷款时都会受到影响。

讨债这个事情，一直到现在我也没有讨到钱。哎，我很伤心。

但小朋友们，你们不能做这样的人，一次失信，看起来没什么，但你如果经常失信，大家对你的印象就会很不好，以后你真有困难时，大家就都不会帮你了，到那时候再后悔就晚了。所以我们还是要做一个讲信用的人，"好借好还，再借不难"嘛。

20 小妙会卖披萨
——抓住每一个社会实践的机会

孩子学校里经常会有一些模拟社会生活场景的活动，面对这些活动，家长应该持有什么样的态度呢？

不同的家长对这些活动有不同的心态，这必然会导致不同的结果。

每年果果的学校都组织学生举办小妙会活动。在小妙会上，小学生们化身卖各种东西的人，可以作为卖方和买方讨价还价，还有各种表演，大家各展才艺吸引眼球。小妙会热闹得像集市和跳蚤市场一样，大家都玩得很开心。三年级果果卖的航模，四年级果果想的点子是做披萨去卖。

卖披萨的前期设计

果果提前按照食谱采购了面粉、酱料、香肠、芝士等原材料，在厨房开始了试验。小妙会前一天晚上，果果跟我们说要我们给他一些零花钱，他要在小妙会上买别人的东西。我问道："如果你把披萨卖掉，不是可以赚到钱吗？"

"因为赚到的钱要捐给班级当班费，为下次准备活动用。"

"是必须全部捐掉吗？"

"也不是，每个人捐一个固定的金额。"

"那可以用剩下来的钱买啊。"

"嗯……"果果显得有些犹豫，"不知道能不能卖得好，会不会有钱剩下来。"

恰好在前几天果果跟我讲了一个他们管乐团的指挥老师上课时分享的故事：那位老师在国外留学的时候，身边有两个作风截然相反的同学，一个不仅成绩优异，拿到全额奖学金，还打工赚钱，承担一部分养家的责任；另一个不但拿不到奖学金，也懒得打工，还要跟家里要生活费。想起这个故事，我问果果："果果，你记得前几天指挥老师讲的故事吗？"

果果说："当然记得啊。"

"当时指挥老师是怎么跟你们总结的？"

果果想了想，说："老师说让大家向第一个人学习，做一个独立、有担当、对家庭负责的人。"

"眼前不正好是一个锻炼的机会吗？"我期待地注视着他。

果果顿了顿，声音响亮地说："对哦。我好好准备，一定能赚到钱，不用跟爸爸妈妈要了。"

果果按照食谱，摸索着烤了六七个小披萨，还研制了两个新产品：用剩下的面做了十多个小面棍，上面刷芝士后烤熟；还用条状的面做成了十几个小戒指，上面贴一块培根当宝石。他一个人在厨房折腾了好几个小时，一直忙到半夜十二点多，终于完成了。他还细心地给每种商品定了价。他给我展示的时候，看着那些奇形怪状的成品，我都忍俊不禁。

小妙会当天，果果把披萨和其他产品用小盆盛好，拿着上车了。我一看，问果果："果果，你今天拿东西去卖，想好怎么卖了吗？"

"想好了啊！比如怎么摆，怎么装饰我的柜台，都想好了！"果果自信地说。

"咱们出去买吃的，比如买面包吧，你觉得什么样的卖家会吸引你？"

"嗯……"果果边想边说，"干净整洁，柜台吸引人，味道很香，还有服务好的呗。"

"对，那怎么体现服务好呢？"

"就是态度很好，还为购买者着想，比如顾客需要什么，卖家就先想到，帮顾客做好。"

"说得好，那你今天作为卖家，怎么体现服务呢？"我继续追问。

果果想了一会儿，没说话，我提示他："果果，今天大家去逛小妙会，买了披萨，要手拿披萨走来走去，直到吃完吗？"

果果茅塞顿开："啊，对了，我应该附赠让人好拿的东西！"

刚说完，果果突然打开车门，往家门口跑去。过了一会儿，他飞奔回来，手里多了一堆食品袋，方便刀叉和餐巾纸。

披萨成功售光后的分析总结

因为果果的披萨做得实在不好看，我们都没对销售量抱太大期望，结果晚上果果回家竟然骄傲地跟我们说：不到一小时就把披萨全部都卖掉了，特别受欢迎，还挣到了钱。我很惊讶，笑着问果果："果果，你那么奇怪的产品都能卖掉吗？"

果果笑着说："哈哈，形状是不太好看，但有特色啊，和外面的披萨不一样呢！"

"那大家的东西都卖掉了吗？"

"没有啊，我的生意是最好的了！"

"太棒了！你觉得这次生意好是偶然的，还是……？"

"当然不是偶然的了。"果果没等我说完就接起了话。他挺起胸脯，骄傲地说："妈妈你不知道，我选择做披萨是根据观察和分析得来的，才不是随便定的呢。"

我好奇地追问："是什么样的观察？"

"因为平时我就知道，爱吃披萨的同学特别多；去年小妙会上我观察过，没有人做这个，今年我打听过的同学也都没做，如果我做披萨，一定受欢迎。"

"好，关注客户的喜好。还有其他成功的原因吗？"我期待地问。

"还有好多呢，比如除了我，今天没有人做披萨，我的是独一份，而且又是我手工自制的，很有特色。"果果得意地看着我说。

"嗯，特色商品。"

"我除了有常见的披萨，还有新产品，尤其是那个面做的戒指，特别受欢迎，因为又能吃，又能戴着玩。"

想起他那一盘子奇形怪状的戒指，我笑了："哈哈，产品有趣味，功能多样。"

他凑到我身边，拉着我的手，眼睛眯成缝，撒起娇来："而且幸亏有妈妈的提醒，我才想起免费提供餐具和纸巾，顾客拿着很方便。"

"哦，原来我也有功劳啊。"我笑着把他揽过来，抱在身边，继续总结："那就是有好的服务。"

"还有一个重要原因，我的价格是浮动的，很灵活。"

"怎么价格浮动了，不是定好价了吗？"

"嘻嘻，我看有的人看起来有钱，或者样子凶，就卖贵一点，有的人很和善或者是很好的同学，就卖便宜一点；还有，如果生意不好了我就赶紧降一点价。"

"哈哈，原来是这样的价格浮动啊。"

"妈妈，最后还有一个最重要的原因，就是位置！今天我的位置是进门第一家，大家一进来就看到了，我的柜台又特意摆得很好，所以一下吸引到了顾客。我旁边的同学正好卖饮料，我们俩有时候就一起喊，说先吃披萨，然后就喝一杯饮料，搭配得最好了。"

"嗯，选址最重要。那和去年相比，这两次做生意有什么不同？"

果果想了想，说："不太一样，去年我是买了东西，拿来卖；今年是完全自己做的，从想做什么、怎么做，再到买材料、花时间，最后才做出了成品，两个不一样。"

"对，你去年做的像是产品的代理，今年是自主研发的一个产品。"

看果果若有所思地点点头，我继续问："那你觉得哪种有意思呢？"

"当然是今年的有意思，因为我可以自己设计，自己决定产品是什么样子，但也比去年更累更麻烦。"

"对，因为自己研发产品，像你刚总结的，需要操心很多事情，比如观察市场上大家喜不喜欢这个产品啦，要有创造力，创造有意思的产品，还要做别人没有的、稀缺的东西，再加上购买原材料、设计制作，都是很复杂的，但如果是做一个你很喜欢的东西，也觉得很有意思吧？"

"对，是这样！妈妈你说得很对啊！"果果使劲点头。看他一脸崇拜的样子，我被逗乐了，捏了捏他的小脸，继续引导："你觉得和去年相比，哪个更赚钱呢？"

果果想了想，说："虽然今年赚到的钱多，但还是去年的利润高。因为今年花了很多时间和脑筋，还有买材料的钱，还有烤箱和水呢。可是去年我只是在网上找了一个比较便宜的产品，买过来再卖就行了。"

"说得对，不能光看到赚到的现金，还要看在前期投入的人力物力，要综合地来看是否赚钱。那你这次做的三个东西，哪个最赚钱啊？"

果果认真地想了一会儿，说："我觉得是面棍最赚钱，因为原料最少，只是面和芝士，形状也最好做，下次可以多做一些。然后是面戒指，做起来有点麻烦，还要把培根切成小块镶在上面；原料用的最多的是披萨，做起来最复杂，觉得价格应该再高一点才对。"

"还有什么地方能提高吗？

"有。我一边卖一边就想到了，幸亏有妈妈提醒我带了食品袋，但我的包装还是太简陋了，不好看。还有一个就是忘了带零钱，大票找不开，很麻烦。下次要记得带一些零钱了。"

听着果果对自己经营的总结和思考，能感受到他通过这次小妙会收获不少，我很欣慰，表扬他说："你今天卖披萨太成功了，刚才总结得也很好，晚上一定要给你买好吃的庆祝！"他欢欣鼓舞地给我来了个大大的拥抱。

果妈说

社会实践活动是孩子最好的锻炼机会。

果果这次在小妙会上大获全胜后，对自己的信心增强了不少。孩子的信心都是这样，需要建立在一次次小的成功上。其实这次成功的背后，少不了一系列的设计。

一开始，果果向我要钱说要在小妙会买东西，我让他自己卖东西挣钱再买东西，给他施加了一定的压力，但是我给孩子的压力并没有让孩子非常痛苦，反而让孩子感觉到了努力卖东西的动力和乐趣。

在准备阶段，他认真设计出很多有趣味性的披萨。我引导他进行换位思考，思考自己平时买东西时的心理，然后在自己销售的过程中从各个方面去满足顾客需求，提高服务质量。

回来之后，我引导他仔细地分析卖披萨的过程，从了解市场需求、研发披萨，到销售策略的设计，再到不同类型产品的收益，让他总结整个卖披萨过程中的门道，反思做得不够的地方。小妙会里的商业规则就像游戏一样吸引着他全身心地参与其中。

卖披萨这样一件看似简单的事情，实则包含了很多环节，是一个综合性的实践项目，可以锻炼孩子各个方面的能力。例如，比较前几年小妙会的情况并制定自己销售的产品类型时，锻炼对市场的观察力；做披萨时，锻炼动手能力和设计能力；考虑顾客需求时，锻炼换位思考的能力；销售过程中，他与旁边卖饮料的同学合作来增加销量，锻炼合作交际能力；价格浮动，锻炼随机应变能力；回来之后我和他讨论，引导他思考，他的分析能力得到了锻炼；在快乐的参与过程中，果果不仅各种能力得到提升，还增加了自信。

一个卖披萨的项目实践下来，孩子很多方面的能力都能得到锻炼和提高。学校里的这种综合性实践活动其实是锻炼孩子能力的好机会，而且由于学校组织这样的活动也很麻烦，其实这样的机会也不会太多。不过有很多家长一看到学校的这种实践活动就头疼，觉得费时费力，有的就花钱去买一些现成的东西让孩子直接用，有的甚至越俎代庖，自己替孩子做好了，这些做法虽然帮孩子完成了任务，却给孩子树立了一个不好的榜样，还使孩子失去了一个宝贵的实践和成长的机会。正确地看待这样的社会实践活动，是取得预期效果的重要前提。

 ## 果果说

不知道同学们卖没卖过东西，比如小妙会上每年带点自己不用的东西、自己做的小工艺品去卖。卖东西学问可多了，要想卖得好，怎么做呢？这可不是单纯的写个小价签"定价1元"在那一放，就等别人上门问那么简单的事，这里头有好多学问。

假如我要建个商店，专门卖薯条，首先，我要选一个好地儿，如果我选在垃圾场旁边，谁愿意去啊？如果我选一个特别繁华的美食区，大家都知道美食区有好多好吃的，这样大家就会看到我的店，如果美食区旁边是地铁站，人一出站就能看见自己的店，那就更好了。如果选在犄角旮旯，除非你做得特别特别有名，否则也不会卖得特别好。这是选址的重要性。

你的店成功建起来了，你得起个好名字吧，叫"薯条店"太俗。得起个朗朗上口的名字，比如"薯条王"，哈哈哈。

接下来最重要的是，炸的薯条要好吃。只有好吃了，大家才会一买再买。炸好了，怎么带走？用手抓？那就配个盒子，提供叉子，光吃薯条没什么味道，还得提供番茄酱等，吃完了要擦嘴啊，得提供纸巾，如果是外卖呢，还得提供塑料袋。最后还要考虑定价、房租、人工、土豆、油、锅等等的费用，这七七八八的都是成本啊！把想获得利润加上成本，就是定价了。

另外，还得有小窍门，假如你最好的朋友来店里了，是不是要给个友谊价，给个vip卡啥的？"仇人"来了，你会不会"黑"点钱，开玩笑啦，哪有那么多仇人，我们要跟每个人做好朋友哦。嘿嘿，看吧，卖薯条不容易吧！算了，大家别卖了，还是吃薯条吧，吃薯条最实在，我喜欢吃薯条！

第 6 章

家庭中的健康与安全教育

在这个千变万化、日益复杂的社会中，父母不可能时时刻刻都在孩子身边保护、陪伴他们，因此，孩子的安全也成了父母越来越担心的问题。让孩子从小识别各种不安全因素，懂得各种危险、危害形成的原因，了解各种安全事项的细节，学会一些必要的安全知识，增强安全防范意识，也是孩子成长中至关重要的一课。

在这堂课中，人身安全、食品安全、交通安全、网络安全、财产安全、社区安全、居家安全、校园安全等等，都是孩子的必修课，一个也不能少。因为没有了安全，一切都是零！

爱孩子，就要给他安全。愿我们的孩子健康成长，一生平安！

21 一颗糖的旅行
——让孩子知其然，并知其所以然

　　果果不小心把一块糖吞下了肚子，虽然没出事，却急坏了果妈。果果笑嘻嘻的，对危险毫不自知，果妈利用小孩子的好奇心和探索欲，把一次科普做成了一个有趣的故事，看看果妈是怎么做的吧！

　　果果还在上幼儿园的时候，我有一次周末加班，带果果一起去公司。为了感谢果果，我给了他一颗糖，果果高兴地剥了糖纸就塞进了嘴里。然后我就开始忙工作，果果拿了本书在一旁看。

　　没一会儿，我听到果果大声咳嗽，一看，果果脸憋得通红，想说话又说不出来。我吓坏了，赶紧跑过去拍他的后背，果果难受得鼻涕眼泪一块流，忽然果果吞咽了一下，然后睁着大眼睛看着我说："妈妈，糖咽下去了！"

　　我暗自松了一口气，紧紧地抱着果果说："可把妈妈吓坏了，来，安慰安慰妈妈，跟妈妈说说，刚才怎么啦？"

　　果果把我领到窗户边说："我刚才站在这看汽车，来了一辆双层车。我想喊妈妈过来看，说了一半就成刚才那个样子了。"

看果果一脸无辜的样子，我心想，这可不是小事，我得让果果知道，东西卡在喉咙里有多危险，得让他重视起来，避免以后再发生这样的事。于是我又问他："果果，你现在有没有感觉哪里不舒服啊？"

　　"妈妈，我现在好多了。刚才喘不过气了，嗓子特别难受。"

　　"一定难受坏了吧，以后还想再有这种感觉吗？"

　　"不想了不想了，太难受了！"果果赶紧摆着手说。

　　"果果，你回忆一下，刚才你在做什么的时候把糖咽下去了呀？"

　　"我在看外边的车，然后叫妈妈了。嘴里的糖就卡住了。"

　　"哦，你的注意力全在外边的汽车上了，说话的时候忘了嘴里还有颗糖是吧？"

　　"是呀是呀，那颗糖就是这么咽下去了，我还没尝到甜味呢"，果果可怜巴巴的望着我。

　　"果果，你知道吗，这次万幸糖块顺溜地咽下去了，要是滑到气管，就很危险了，严重的话没办法呼吸，会有生命危险的！"我严肃地说。

　　果果一听，脸色一下子凝重了，下意识地摸了摸嗓子："啊，这么严重啊。"

　　看他有点被我的话吓到，我坐下把他揽到怀里："是啊，我们想想办法，看看怎么做才能避免危险。"

　　"吃糖的时候好好吃，不说话了，咽下去之后再说话。"

　　"嗯，真棒。我们吃东西的时候都要专心，不要说话，尤其不要大笑，否则很危险，知道吗？"我很严肃地告诉果果。

果果答应以后吃东西的时候要专心，但马上他眨眨眼："妈妈，要不，你再给我一块糖吧，我这次认真吃！"我一愣，这个小调皮，我抬手给了果果一记爆栗子（用手指弹额头）。果果冲着我嘿嘿直乐！

笑完，果果突然又想起一个问题，问我"妈妈，糟了，你知道那颗糖去哪儿了吗？"

"果果觉得它会去哪儿呢？"

"我的肚子里吗？"果果捋了捋自己的肚皮。

我也摸了摸果果的肚子说："确实是，这颗糖呀，到你的小肚子里旅行去啦！而且呀，它还要经过好几个地方，这个过程还蛮曲折的呢！"

果果突然站起来说："妈妈，这么好玩啊，你跟我讲讲吧！"

"好啊，那咱们一起看看糖块是怎么在你的身体里旅行的吧！"我把他领到桌子旁边，让他去拿纸和彩笔过来。果果蹦蹦跳跳地拿来了。

我问果果："果果，你拿到糖之后，把糖放在哪里了呀？"

果果指着嘴巴说："嘴里！"

"好吧，咱们就从小嘴巴开始，"我拿起笔边画边说，"从嘴巴下来呀，就是喉咙，喉咙下面连接着气管和食管，气管通向肺，是专门负责呼吸的，食管通向胃，帮助食物进到我们的肚子里。当我们呼吸的时候，有个小盖子会盖住食管，防止空气进入食管，当我们吃东西的时候，小盖子就会盖住气管，防止东西进到气管里。

一般情况下，这个小盖子会自动调节，但如果乱套了就会出问题。还有啊，要是吞进特别大块的东西，食管就会被撑大，也会压迫到气管，影响呼吸。"

"妈妈，食管和气管挨得这么近啊，那我刚才一个劲儿咳嗽，觉得这里堵住了，都说不出话了，是不是那个小盖子盖错了？"果果一本正经地问我。

我说："是啊，你吃东西时说话呀大笑呀，这时候小盖子就很容易盖错，本来气管盖子应该盖上，结果却打开了，糖堵住气管，就没办法呼吸了，会很危险的，严重的话会憋死。"

"妈妈，我知道了，以后我吃东西的时候一定专心地吃，不干别的事情。这样就不会有危险了是不是？"果果跟我保证。

我点点头。果果又接着问："妈妈，那颗小糖接下来又去哪儿啦？"

我一边画一边跟他讲："那颗糖被你吞下后，首先到了一条长长的管子里，就像坐滑梯一样，哧溜哧溜的向下走，你知道那长长的管子叫什么吗？"

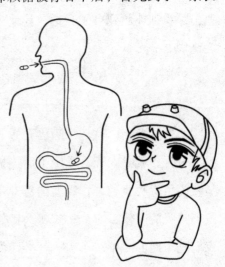

果果兴奋的说："妈妈，我知道，应该是食管！要不是刚才您说了，我还以为是肠子呢。"说完他就嘿嘿地乐。

"对，这是食管。和肠子形状有点像，但是还是不一样的。我们咽下的东西都先经过这儿。还好你刚才咽的糖是光滑的，从食管滑下去了，要是尖硬的东西，就有可能划伤食管，也是特别危险的！"

我接着在食管下边画了一个胃的形状。

果果又迫不及待地说："这是胃吧！"

"对，经过食管之后，糖接下来就会滑到一个大袋子里，这个大袋子可神奇了，它会一边分泌出一些液体，一边慢慢地蠕动，把糖块磨得越来越碎，越来越碎。"

果果撑着脑袋，认真地看我画图，惊叹着："哇！没有牙也能把糖弄碎，那是不是我吃进去的一切东西都能磨碎啊？"

"胃可没有这么强大，一般我们吃的食物都能磨碎。但如果是尖硬的东西，比如硬币之类的，胃可就拿它没办法了！这些坚硬的东西还有可能会磨伤胃。"

果果认真地说，"那我以后可得小心点。可是，胃把食物磨碎了之后干什么呢？"

"问得好！胃会把嚼碎的食物中的部分水和酒精消化掉，并把麦芽糖转化为葡萄糖，但是脂肪没有被分解。胃的功能就是把吃下去的东西分解成食泥，方便小肠进一步地消化和吸收。"

我接着画了弯弯曲曲的小肠，指着问果果："刚才糖的旅行经过了嘴巴、食管、胃，它又要旅行了，下一站是哪里呢？"

果果说："我猜是肠子！"

"对了。被磨碎了的糖啊，接着到了这条弯弯曲曲的小管子里，这里呀就像迷宫一样，这就是小肠。小肠里是最重要的消化场所。小肠细而长，可以充分吸收水和一些营养，起主要的消化作用。"

我手中不停地画着："当绕出了小肠这个迷宫之后，那些糖就到了一条皱巴巴的大管子里，这里是大肠，在这呢，糖里的营养成分都被吸收掉了，剩下的残渣就被排出去啦。你知道是什么吗？"

我故意捂着鼻子问果果，果果拍着小手笑着说："是拉出来的粑粑！"

过了一会儿，果果又问我："大肠的作用是什么呢？"

"大肠不光是储存食物残渣，科学家发现，大肠可以吸收一部分水，以及食物中的一些膳食纤维，剩下的食物残渣和没被消化的物质就形成了粪便，大肠主要起贮藏粪便的作用。"

最后，果果拿着我画的图，自己又说了一遍食物从嘴巴进去到最后出来的过程，不明白的地方又来问我。最后，他举着图高兴地说："回家以后又可以去考爸爸啦！"

果妈说

要让孩子知其然，知其所以然，才能更好地防范危险，健康成长。

由于孩子对世界的认知比较匮乏，所以在日常生活中，经常需要家长对孩子进行引导、教育。比如果果吞糖这件事，有的家长可能只是恐吓一番，让孩子以后注意吃东西别呛着，或者讲一些干巴巴的大道理，让孩子以后注意安全。

其实，生活中到处蕴含着可供孩子探索的资源，家长可以创设能引起孩子好奇心的环境，引导孩子提出各种问题，让孩子了解事情发生的原因，这样既能规避风险，又能增长知识。

首先，我们要观察自家的孩子，让孩子能够充分调动感官去了解未知的世界，而不是生硬地给他讲大道理。每个年龄阶段的孩子喜欢的东西不一样，所擅长的也不一样，父母应多留心观察自己的孩子，如果孩子爱画画，那么视觉的方式更容易切入，孩子喜欢听音乐，喜欢通过语音、语调和拟声来认知，那么讲故事的方式更适合。

其次，家长的说教永远是站在家长自己的立场，孩子不一定愿意接受，必须要转换成孩子能听懂的方式。比如孩子不愿意洗袜子，可以编一个袜子旅行的故事，把每个事件都编排成故事，这样孩子听起来有趣，理解和接受起来就容易很多。当然，家长在描述的时候尽可能地简单明了有趣。最终的目的，是让孩子能内化成自己的知识，可以分享给他人。

最后，最好的教育来源于生活，来源于家长的有心、耐心、用心。要让孩子知其然，知其所以然，只有这样才能让孩子更好地规避风险，健康成长。

 果果说

要是没发生小糖卡嗓子这件事，我还真不知道食物是这样在身体里旅行的，真的是太神奇了。记得看过一个视频，大概意思是，一些科学家，根据人体结构和内部循环情况，做了一台机器，演示从吃饭到消化到最后拉屎的过程，结果你知道吗？最后科学家造出了一个庞然大物才解决这些问题，而我们的器官都是小小的，就解决了所有的问题，可见我们身上的器官真是太精密了。你说神奇不神奇！当然了，毕竟我们也进化了这么多年，呵呵。

其实生活中看似很小的事情，它的背后都有很多的常识和道理。我特别喜欢我妈妈给我讲知识的这种方式，太有趣了。不过，说实话，我们还是要多学习，未知的世界真的是太奇妙了，我要多了解自己，多了解世界，只有这样，我们才能保护自己不受到伤害。毕竟安全最重要！

另外，这个事情也告诉我们，一次只干一件事，吃东西就好好吃东西，不能三心二意。写作业的时候也老老实实写作业，别想别的。这个真的很重要哦！

22 "可怕"的眼药水
——帮助孩子克服恐惧，战胜自我

　　果果眼睛发炎，需要滴眼药水，可他又哭又闹，十分抗拒。这时候，是强行按住给他滴眼药水，还是循循善诱呢？有什么妙招能让孩子主动滴眼药水呢？

　　果果四岁多的时候得了结膜炎，去医院看了之后，医生开了一些眼药水。回家之后果爸拿着眼药水要给果果滴，不管果爸怎么劝怎么哄，果果都不同意让果爸滴，非常抗拒，满屋子乱跑，边跑边喊："我要吃药！我不滴眼睛！"

　　果爸没辙了，来向我求助。我让果爸先放下眼药水回屋去，让我来和果果商量一下。我把果果揽过来抱在怀里。果果还在伤心地哭，而且一个劲喊"要吃药不要滴眼睛"，看来他很抵触滴眼药水，害怕滴眼药水。

　　我抱着果果，让他看着我。我对果果说："好，我们先不滴眼药，我们来聊聊吧。果果你知道为什么眼睛生病了不吃药，而是滴眼药水吗？"

　　果果只摇摇头没吭声，看起来还沉浸在刚才的恐慌中。

我摸摸他的头说："你想想你之前得什么病的时候吃药了？"

果果想了想说："上回我得肺炎的时候吃了，吃了那种用胶囊包起来的药。"

"对，果果记性真好！上次得肺炎，是因为很有多细菌跑到了你的肺里，它们在你的肺里搞破坏，所以导致你很不舒服，还发烧了。那你知道为什么吃了药就会好吗？药从嘴里吃进去，是怎么跑到肺里的呢？"

果果摇摇头说不知道。我解释说："上次妈妈给你讲过的食管、胃、肠子你还记得吗？小药丸从嘴巴进去以后，通过食管到了胃，就慢慢溶解到液体里了，经过小肠的时候，小肠就把它吸收了，你知道最后是吸收到哪儿了吗？"

果果很疑惑的看着我，我就继续说："这些药啊，是被吸收到我们身体的血液里了，血液在血管里流动。人的身体里呢，有很多很多的血管，这些血管就像一条条小溪一样，互相交汇。有的小溪很宽，有的小溪很窄。药就像小鱼一样，在小溪里一直游啊游，才能到达需要它的小溪。果果得了肺炎，就是肺里的血管需要药来和细菌部队战斗。肺里面的血管很多，尤其大的血管比较多，药物很容易到达。就像是某个地方的小溪又多又宽，所以小鱼就很容易游到那里。药能游到肺里，就和肺里的细菌大战，最后细菌部队全军覆没，果果的病就好了，不会再难受了！"

果果一动不动，看起来被我讲的细菌大战的故事吸引了，看我讲完了，他立马问我："那为什么结膜炎就不能吃药呢？药不也能和眼睛里的细菌大战吗？"

我见果果问到关键问题了，赶紧解释："果果这个问题问得好！眼睛结膜上只有很少的血管，就像是一条很小的小溪。通过吃药，来让药物到达眼睛结膜，就像是在所有的小溪总共投放了几十条鱼，来让这几十条鱼游到一条非常小的小溪里。这是非常难的，可能最后很小的小溪里一条鱼也没有。吃下去的药很难到达眼睛结膜，所以细菌部队就没办法被消灭了。这时候，医生们就想出了好的办法，滴眼药水，直接把勇敢的战士们空降到前线，细菌就一下子都死光光了。"

果果听得似懂非懂，又问道："那为什么我们不把药片磨成粉，然后撒到眼睛上？"

我说："眼睛是非常脆弱又敏感的东西。即使是磨成粉，还是会有小小的颗粒。这些小颗粒还是会磨眼睛，让眼睛有非常不舒服的感觉。就像果果平时眼睛里进了小灰尘，还是会感到难受一样。"

经过这么一番解释，果果基本理解了为什么要滴眼药水而不吃药了。我接着问他现在愿不愿意滴眼药水，结果他还是说不愿意。我问他为什么不愿意，他说怕滴进去会难受。

我又说："你还记得妈妈前些天眼睛也很酸涩吗，滴了眼药水之后，感觉凉凉的，非常舒服。眼睛生了不同的病，要用不同的眼药水，果果的眼药水滴进去也会很舒服的。"

果果还是半信半疑，不愿意滴。我又说："让我们先把眼药水滴在手上看看吧，看看是什么感觉。"

果果犹豫了一下，还是同意了，滴完后，我问他什么感觉，他说凉凉的，没什么感觉。

"眼药水滴到你眼睛里也是这个感觉，凉凉的，不会不舒服。咱们要不先试一只眼睛好不好，如果不舒服的话，咱们就不滴了。不过妈妈保证你肯定会觉得很舒服。眼药水把你眼睛里的细菌都杀死。果果的病就好了。"

终于果果同意让我先试一只眼睛。我轻轻地扒开果果的眼皮，正准备要往里一滴。果果突然又把眼睛闭上，我以为他又反悔，结果他说："妈妈你只能滴一滴哟。"

我哭笑不得，马上同意了。一滴滴进去之后，果果说没什么不舒服的感觉。就这样，我消除了他对眼药水的恐惧，顺利给他把两只眼睛都滴上了眼药。

 果妈说

恐惧来源于未知，家长要帮助孩子探究事实，战胜自我。

面对"可怕"的眼药水，果果起初害怕、抗拒，但最终心甘情愿滴了眼药水，而且以后再需要滴眼药水的时候都能接受。为什么果果发生了这么大的转变呢？是因为我没有强迫他接受，而是通过消除他的恐惧，再一步步通过科普让他了解了事实，所以后来再也不害怕滴眼药水了。

1. 正确科普，让孩子了解为什么要这样做

孩子在成长过程中，总会对很多事物产生恐惧。帮助孩子克服恐惧感的方法很多，传授科学知识，告诉孩子他所恐惧的那种事物究竟是什么样的，是一种最好的办法。比如孩子害怕滴眼药水，就可以告诉孩子为什么必须滴眼药水，眼药水是怎么起到作用的。这样就可以减轻或消除孩子对眼药水的恐惧，同时达到科普的目的。

2. 情绪上，让孩子放松，帮孩子克服恐惧

不要强迫孩子否认或掩饰自己的恐惧感，而应该主动帮助孩子克服内在的恐惧。比如果果害怕滴眼药水是因为害怕眼药水滴进去会难受，我就针对难受，举自己的例子来解释。父母的榜样作用对孩子影响极大，我说起自己滴眼药水的经历和感受，果果从中得到勇气，消除了恐惧。同时，这也是一种共情，让果果了解妈妈跟他有过类似的经历，理解他难受的感觉。

3. 行动上，循序渐进；情感上，让孩子配合

不要逼迫孩子去做他害怕的事情，家长可以循序渐进地引导孩子一点点地接触。比如我先将眼药水滴到果果手上；接着，眼药水先滴一只眼睛，让他感受一下眼药水带来的感觉；然后，在情绪上反馈一下，让孩子自己验证妈妈说的话是不是对的，帮他慢慢消除这种恐惧心理；最后，在孩子觉得能接受的情况下，并且孩子同意之后，才给另一只眼睛滴眼药水，完成整个滴眼药水的过程。

整个过程简单总结就是：一方面，要克服孩子心理上的障碍，把事情本身先放一边；另一方面，行为上要让孩子慢慢接受自己的排斥行为。

每年九月初幼儿集中入托时，经常能看到类似这样的现象：家长拉着或抱着孩子上幼儿园，孩子很不情愿，不住地喊："妈妈，我不去幼儿园……"此时，为了安抚孩子的情绪，有些家长会说"我们不去幼儿园……"，可家长迈向幼儿园的步伐却丝毫未减慢。

孩子生病需要打针，孩子不停地哭喊："我不要打针！打针很痛……"一些父母会安慰说："不怕，就一会儿，很快的，打针一点都不痛……"当孩子被父母带到护士面前，当他感到针刺到的疼痛时，孩子委屈地大哭，他会觉得父母刚才在骗自己。

生活中经常见到这样的例子，就像上边提到的打针的例子，孩子再遇到这样的事情，有可能出现两种情形。一种是情绪上反抗父母，不管怎么样，就是不愿意去打针。另一种是对事情本身真的产生一种恐惧。孩子把被父母哄骗和打针会疼的感觉联系在一起，出现一种过激的反应，认为打针真的很恐怖。

面对孩子会产生焦虑或者恐惧的情绪，但是又不能不做的事情时，我们可以有什么好办法，让孩子愿意接受，又不会给孩子留下心理阴影呢？首先，情绪上让孩子放松；其次，让孩子在感到安全的情况下一点点去尝试接触情境。

这说起来很简单，但应用起来却不容易，每个孩子都有自己的脾气，家长要根据自家孩子的个性，灵活运用。

果果说

　　生病这样的事情，我的经验就是，家长和医生让你干的事都是对的，因为那是他们基于大量的科学经验得出来的判断，所以听话肯定没错。老老实实接受治疗，等病好了，我们就又活蹦乱跳了。

　　但是，我们是小孩，小孩肯定会害怕的呀，打针疼，吃药苦，滴眼药水也胆战心惊的，哎，说起来都是眼泪！那有没有好的办法呢？当然有了，那就是平时多锻炼身体，增强免疫力，不得病才是上上策。哈哈，你一定说，你说的都是废话！其实还真不是！你想想生病是不是很痛苦，皮肉之苦也就算了，最主要的是还不能上学，不能出去玩，还要补落下的作业……所以我们还是健健康康的最好！

　　你说呢？

23 独自在家订外卖
——安全防范意识要从小培养、随时培养

果果放学回家，饿了自己叫外卖，不出家门就吃到了美味，还向妈妈炫耀："妈妈，我也会订外卖啦！"孩子这么做有什么安全隐患呢？该怎么让孩子注意防范日常生活中可能出现的危险呢？

这是果果三年级时的一件事。某天晚上，我回到家，发现餐桌上多了几个餐盒。我心里琢磨了下：果果爸爸出差还没回来，今天是果果自己先回的家。这餐盒哪来的呢？

我把果果叫来，问他："咦，家里怎么会有餐盒呢？"

果果一脸得意地说："妈妈，我今天下午自己订外卖了。我实在是太饿了，家里一点吃的都没有，我等不及您回家给我做饭，就自己先订外卖吃了。您看，我也会订外卖哟。"

平常在家时，我们偶尔会订外卖，顺道教果果用各种软件。看来这小子是学会了。但是，果果独自一人在家订外卖，这事儿以前还从来没发生过。一想到果果打开家门，迎接陌生人到家里，我头皮一阵发麻，后背直冒冷汗。不行，我得想个办法，让他有安全防

范意识。

于是我连忙问果果："外卖小哥是把饭送到家门口吗？"

果果不以为意地说："是啊，当然是送到咱家门口呀，我打开门去拿的。我收完东西，他就走了。"

我看果果完全没有意识到这中间可能会出现什么危险，就坐下来拉着果果的手问他："果果，你有没有想过你这样做可能会有什么危险。"

果果不解地说："订个外卖，能有什么危险呢？"

"你这次是幸运，没有碰上坏人。但是你有没有想过，万一这个外卖小哥看到咱家就只有你一个小孩在，闯进家里抢劫呢。"

"还会有这样的事情发生吗？"果果一脸诧异地看着我。

"你跟妈妈过来，咱们一起查查网上的新闻。"说着我把果果领到书房，打开电脑，让果果自己搜索，关键字一出来，页面上就出现各种骇人的标题，有

假扮外卖人员、快递人员，看到家中只有老人或小孩子就入室抢劫的，也有借口是中介看房或以各种名义诱骗独自在家的儿童开门，抢劫甚至谋财害命的，等等。

我指着这些新闻对果果说："你看啊，坏人趁虚而入，入室犯罪，这样的新闻非常多！"

果果看完后，吓得脸色都变了，信誓旦旦地说："那我自己以后再也不订外卖了！"没一会儿，他又可怜巴巴地看着我说："可我的确是想吃啊，难道我以后都不能再订外卖了吗？订外卖不用跑大老远，就可以吃到想吃的东西，真的很方便啊。"

看我没有说话，果果拉着我的手，晃来晃去，纠结地问我："妈妈，我以后一个人在家的时候还能订外卖吗？"

"你一个人要订外卖不是不可以，但你要知道怎样才能安全地订外卖。你想想有什么好办法可以让你避免发生危险呢？"

果果指着门说："我可以把对门的爷爷奶奶叫出来，让他们看着我在走廊上拿外卖。"

"嗯，是一个办法。果果还有其他的办法吗？"

果果稍微想了一下，马上又说："我可以打电话把保安叫来。这样如果有坏人，有保安叔叔保护我，他肯定就不敢伤害我了。"

"还有吗？"

"要不我让快递小哥把外卖放在物业那里，我再去物业拿。"

"真不错，一会儿就想出这么多好办法，但你有没有想过这些方法都要麻烦别人，麻烦爷爷奶奶、保安叔叔、物业阿姨。你能不能想一个好办法，既不麻烦别人，又能保证自己的安全呢。"

果果念叨着："还能有什么办法，让我想想啊……"

突然他兴奋地说："有了！外卖小哥来的时候，我可以假装屋里有人，对着屋里喊一句'爸爸，外卖到了'！这样即使遇上坏人，他也不敢轻举妄动！这个办法总不麻烦别人吧？"

"哈哈，不过万一被坏人识破了，可怎么办？"

　　"那我拿上防身武器，和他决斗！"说着果果跑去柜子里，拿出他的双截棍，摆出一副准备打架的架势，嚯嚯地挥舞起来，把我逗乐了。

　　"可是你毕竟还是小孩子呀，你这小胳膊小腿很可能打不过人家的。"

　　果果又想了想，说："那我还是让快递小哥把外卖送到楼底下有保安叔叔的地方，然后我再去那拿，这样就可以让保安叔叔看着我们，应该就不会有安全问题了，也不会麻烦保安叔叔。"

　　"哎呀，太棒了，这个方案真不错，点赞点赞。不过你出门的时候，不能忘了什么呢？"

　　"锁门，拿钥匙，放心吧，妈妈，你都说过一百遍了……"

　　果果一边挥舞双截棍，一边开心地说："太好了，以后还能订外卖吃喽！"

果妈说

孩子的安全防范意识要从小培养、随时随地培养。

　　随着社会的不断进步，我们的生活越来越方便了，送货上门已经成为我们日常生活的一部分，随之而来的也有各种安全隐患。孩子们天性单纯，社会经验少，对社会的认识也比较肤浅，很容易相信他人。越是这样，就越要尽早培养孩子的安全意识，提高孩子防范危险的能力。

　　就像这次果果自己在家叫外卖，如果遇上心怀不轨的人，小孩子几乎没有任何抵抗能力。所以我马上利用这个机会，首先让他知道这种行为有可能会带来的后果。从网上搜到那些负面的犯罪案件，对孩子是一种极大的震撼。如果是幼儿园小孩子，家长则要循序渐进地跟孩子讲这样的负面事件，以免引起孩子的恐慌。

　　果果已经是小学三年级的学生，有一定的分析判断能力，能够消化这样的事件。尽管如此，这些案件也让他惊骇不已，对自己莽撞的行为非常后怕。

　　让孩子意识到危险，还远远不够，更重要的是让孩子知道如何避免危险。果果是个小吃货，虽然知道小孩子单独叫外卖很危险，可还是挡不住美食的诱惑啊，加上我跟他爸爸经常加班，回家比较晚，没等我们回家，他就已经想吃饭了。于是我引导他开动小脑筋，想出各种既能饱口福，又能保证自己的安全的办法。

当然，保障孩子的安全，需要全社会的支持，这是外在因素。作为父母，我们更需要做好的是，增强孩子自身的安全意识和自我保护技能。那么，在日常生活中，家长该如何实施安全教育呢？

1. 留意生活细节，排除安全隐患

我们要学会做个有心的父母，能抓住生活中的点滴机会。比如我这次就是从桌上的餐盒发现了疑点，进而发现是果果自己叫了外卖，在与果果交谈时发现，他完全没意识到安全隐患，因而我要尽快对他进行安全教育。发现问题要立即解决，而不是等问题积累多了再一起说，培养孩子的安全意识也是一个循序渐进的过程。

2. 让孩子自己去总结

订外卖可能遇到什么危险？我没有直接告诉果果，而是给果果提供了一些资料，让他自己去体验和感受。建议家长多关注媒体报道的一些真实事件，和孩子一起学习，在观看的过程中，可以问问孩子的感受，为什么会发生这样的事，如果是你，该怎么去解决或避免。通过这样的探讨，孩子能更感同身受，安全教育效果更好。

3. 引导孩子自己解决问题

听到果果的解决方案后，我仍然通过不断提问，让果果一步步完善自己的解决办法，最终果果想出了一个安全、不麻烦他人的完美的解决方案。提问可以让孩子不断地去拓展自己的思维，增强解决问题的能力。

4. 提高孩子应对危险的技能

通过订外卖这件事，果果意识到了快递、外卖等类似行业中的安全隐患，小脑袋里多了一根弦。我们在日常生活中，要注意随时利用这样的小事，来培养孩子的安全意识，提高孩子的安全防范技能。可以利用游戏或角色扮演的方式，让孩子学会应对突发事件的方法。我们也可以利用故事、动画片等对孩子进行安全教育，使孩子在愉快轻松的氛围中掌握技能，包括让孩子掌握常用的急救、火警和报警求助电话。有条件的还可以让孩子学习自卫术防身。

当然，我们家长也不要过分担心，只要做到生活中不断提醒孩子，增强孩子的安全意识，相信每一位孩子都是幸运的，快乐的。

 ## 果果说

现在网上各种网购外卖平台越来越多，它们确实方便了我们的生活，但同时，也增加了危险系数，以前坏人得翻墙、爬窗户才能进家门，现在换身衣服拿份饭就可以。因此，我们更应该注意我们的安全，在没有家长的情况下，尽量不与陌生人接触，另外，尽量别订外卖了，不健康，还是泡方便面吧，哈哈哈……

24 鸟鱼喂养初体验

——让孩子学会尊重生命，珍惜生命

每个孩子都对其他生物有着与生俱来的好奇和兴趣。养一些小动物和植物，不仅可以让孩子收获很多知识，还能借此机会对孩子进行生命教育。

果果在三年级暑假看完电影《里约大冒险》后，特别喜欢里面的鹦鹉。有一天，他跑过来问我：“妈妈，妈妈，家里能不能养几只鹦鹉当宠物呀？”“好啊，”我顿了顿，“可是你了解鹦鹉的习性吗？它们喜欢吃什么？怎么喂养？要不要洗澡？寿命有多长？”果果想了想，噘着嘴摇摇头。我于是教育果果：“你想想，如果对一件事一点都不了解，没有准备，只是一时喜欢，你觉得能把事情做好吗？”果果难过地低下头说：“不能。”

但是果果不甘心，仍然想养鹦鹉，于是他开始找书和上网查资料，了解一共有多少种鹦鹉，哪种鹦鹉可以家养，以及鹦鹉的生活习性等。有一天果果跟我说，“妈妈，我现在特别了解鹦鹉了，可以养了吗？”于是我搜集了一些关于鹦鹉基本知识的题让他回答，比如鹦鹉爱吃什么，不能吃什么，容易生什么病，生病怎么办，寿命是几年，等等，果果都答对了。我最后问果果："果果，现在你知道鹦鹉的寿命平均只有五年，五年以后它就会死去，不能陪伴咱们了。在五年里也有可能会突然离开，你能接受吗？"果果看着我，没说话。我说："你好好想想，真的想清楚了我们再做这个决定。"第二天，他认真地跟我说，"妈妈，我喜欢鹦鹉，我还是想养，虽然鹦鹉寿命短，但我要在这五年里让它在咱们家快快乐乐的。"

经过反复思考和确认后，我们下定决心，让两只鹦鹉成为家庭成员。当天，全家一起去花鸟市场挑了两只，在回家路上，鹦鹉在车里一直叫，似乎一直不安心的样子，我们也不知道鹦鹉怎么了，只能干着急。

我说："果果你看，动物和人一样，喜欢和同类待在一起，在熟悉的地方生活。我们养小动物的人是不是有点自私呢？把它从同伴那里拿过来，据为己有。"

果果看着鹦鹉，沉默着，眼神之中也流露着悲伤。

我接着说："所以小动物离开同类和我们待在一起，本来就很孤独，养它们的时候，是不是要特别认真地对待它们，感谢它们来陪伴我们？"

果果眼睛里出现了亮光，使劲点头，还很坚定地对我说："我一定会让鹦鹉快快乐乐的！"

一路上，他看着鹦鹉一直在叫，很着急，一边想一边分析说："刚刚在市场里一直都很好，不会是突然生病。可能是环境突然变了不适应，一会儿就会好了。而且它们没有坐过汽车，也有可能是晕车。"我和果果爸爸听了他的分析，笑着对视了一下。小孩子的想法，真的是很奇妙。

回到家，果果小心翼翼地喂养。鹦鹉吃谷物的时候是把谷子里面的米吃空，但谷子的外壳还在。由于不了解这个细节，我们以为笼子里的食物足够，就没有及时补充食物，结果导致一只鹦鹉不幸死去了，后来问兽医才知道是喂养失误，我们都非常伤心。

这是果果第一次见到生命的消逝，对他的震动非常大。他呆呆站在笼子旁边看着死去的鸟，默默地哭了。

我问："果果，你现在什么感受？"

果果沉默一会儿，抹了抹眼泪说："特别难受。不敢相信，前两天还活蹦乱跳的鹦鹉，现在已经死了。"

我们并肩站在鸟笼前面沉默了一会儿，我说："你看，生命其实非常脆弱，无论是人、动物，还是植物，都有自己的特点，没有一种生命是简单的。"

果果点点头，低声抽泣着。

我问："我们还要不要继续养？是把还活着的那只送回店里去，还是送给会养的人？"

果果想了想，说："要继续养，这次我要仔仔细细地研究，绝不再犯错了。"我看到那种坚定的眼神在果果泪光摇曳的眼中再次闪过。

我又问："那对这只死去的小鸟，你觉得我们应该怎么办？"

果果想了想，抬起头问："如果是人死了，应该怎么办？"

我说："活着的人要和他好好告别，然后安葬遗体或者火化。

心里惦念着，节日的时候去纪念他。"

果果泪光闪闪地望着我说："那我们也要这样对这只鹦鹉，一起去好好安葬它。"

于是，全家一起举行了一个安葬的小仪式，用花瓣把死去的鹦鹉包好，和它告别后，把它埋在了院子里。在这个过程中，果果一直默默注视着小鹦鹉，一副若有所思的样子。

我后来问果果："既然每种生命都是脆弱又很复杂的，你觉得有的人想随便养个小动物当宠物，这样好吗？"

果果坚决地摇摇头说："不好！一定要保证能照顾好它们才养。"

"我们怎么做能把它们照顾得更好呢？你觉得有什么方法？"

"养之前要看书，知道它们喜欢吃什么，怎么喂，知道它们容易生什么病，要预防。要问有经验的人，问老师，还可以在网上查。每天照顾它们的时候要注意观察，要细心，看有没有和以前不一样的地方。"

"说的对。如果是照顾人，可以通过语言交流，那照顾小动物可以怎么交流？"

"主要是观察，如果是能和人一起玩的小动物，比如猫和狗，可以摸毛皮摸骨头，听叫声，看它们的反应。"

我对果果的回答满意地点了点头。

因为在养鹦鹉这件事情上经历了波折，果果对活下来的鹦鹉非常上心。平时注意添食、添水、观察鸟毛、清洁笼子，并且每天写观察日记；全家出门旅行时，提前安排寄养，还写下详细的寄养注意事项，包括如何喂食、如何清洁等等。孩子通过照顾宠物，学习如何负责任，对生命有了新的认识。

养了鹦鹉以后，果果在假期还领养过班级的植物，参加过班里的养蚕活动等。因为觉得鹦鹉养得很好，果果提出买个漂亮的大鱼缸，再养一些鱼。

我问果果："我们没养过鱼，你有信心养好吗？"

果果自信地说："我觉得能，因为鹦鹉就养得很好啊。"

"那你觉得鹦鹉和鱼一样吗？"

果果想了想，小声地说："都是小动物。"

我说："我们刚养鹦鹉的时候，你觉得已经准备得很好了，鹦鹉到家来的时候不也是手忙脚乱的吗？你还记得吗？"

"记得……"果果有点迟疑。

"你现在很了解鹦鹉了，那鸟和鱼是不是会一样呢？每种生命都有自己的特点，虽然了解鹦鹉，但不了解鱼，是不是就得从头学习？"

果果认真地点点头。

我说："那我们先从小的、容易养的鱼开始吧。"

于是我们试着买了十条小鱼，我说："果果，在这几个月里，你慢慢学着养，如果十条鱼里面能有鱼活下来，就说明有一点点会了。然后我们再慢慢养更多的。"

于是果果一边查书，一边小心翼翼地照顾鱼，包括挑选鱼食、喂鱼和换水。那几个月里养小鱼果然养得十分成功。

后来果果养鱼越来越有经验，养的鱼越来越多。在这个过程中，全家也一起经历了很多事情。比如有一次大鱼产卵，全家凑在鱼缸旁围观；由于担心小鱼被大鱼吃掉，果果夜里还惦记着，爬起来跟我们商量要不要把小鱼捞出来；有一次因为鱼缸里的水放多了，鱼蹦出来没人发现，死去了，果果很难过和自责，检讨自己换水时的失误；有时看到个别鱼总是和其他鱼打架，欺负弱小，全家就一起讨论该怎么处理。我提议："把弱的鱼捞出来，单放在一个小鱼缸里单独照顾。"果果不同意，说："那样的话，被欺负的鱼反而要孤独了，应该让欺负别人的那条鱼孤独地待在小鱼缸里，作为惩罚！"

我们全家总动员，果果照顾鹦鹉，和爸爸一起负责鱼缸，我自己种了植物，我们三人经常交流成果。果果在养蚕的时候精力不够，没养好，我的植物因为疏忽也长得不太好，果果爸爸照顾鱼特别细心，花时间查资料，平时一有空就去观察，鱼就养得非常好。果果通过比较我们三个人的成果，得出了"付出怎样的努力，就得到怎样的回报"的结论。

果妈说

　　重视生命，尊重生命，珍惜生命，是每个家长都应该给孩子人生重要的一课。

　　经常看到听到各种校园暴力事件，也总能听到看到各种放弃生命的新闻和报道。我们经常说要让孩子学会爱护生命，但是如果只停留在口头就非常空洞。如果全家能一起照顾动植物，并随时分享各自的心得，孩子在这种气氛下，能亲眼观察父母是怎么对待生命的，更有利于培养孩子对生命的责任感。这些日常生活中的生命教育看似琐碎，但可以在意识层面让孩子明白生命的可贵，尊重生命，爱惜生命。而且，这种全家共同的经历也是一种温暖而积极的家庭建设，可以把成员紧紧联系在一起，增进家庭成员的归属感。

果果说

　　我们小区里养猫养狗的人特别多，经常有小号的大号的狗狗不声不响地跟着我走。每个小孩小时候可能都有想要养个小动物的想法吧，但你认真想过养个小宠物有多难吗？我们来分析一下。

　　你得知道怎么养吧，养小动物可不是每天给点吃的就行了，你得给他买一堆东西，玩的、用的都得有，比如洗护用品、专用窝，洗澡梳毛这些事情也都特别麻烦。还有，你得给它最起码的尊重，小动物也是活的生命，你不能天天就让它在一个小窝里待着，你要带着它经常到外面去，让它跟外界交流，它是你的家庭成员之一，你得对它好一点。

最后，你得把它干扰你生活的程度降到最低，不然你就成了猫奴、狗奴，生活的意义就只是伺候猫啊狗啊的了。这不只是累的问题，毕竟我们还有很多重要的事情要做。

这几点里最重要的是第二点，就是要尊重小动物。假如小动物死了怎么办？你是不理不睬直接扔到垃圾筒，还是埋葬了再立个墓碑？我做过后面这事：我的鹦鹉死了，我把它埋葬了。

科学数据表明，香蕉的DNA和人有78％相似，脊椎动物、哺乳动物是80%多，灵长类动物在90%以上，最接近的是大猩猩，和人类99%相似。相当于，你×78%=香蕉。所以，你在吃香蕉的时候要尊重它。当然这只是个数学类比，但我们要给予小动物最起码的尊重是很重要的。生前要尊重，死后也要尊重。

后 记

做一个有心、耐心、用心的家长。

我的第一本书《给孩子句号不如给孩子问号》出版以后，很多家长看了觉得提问的方法很好，回家也尝试去用，但总觉得应用起来没有我那么自如。一了解才知道，原来很多人不知道什么时候问；另外就是，即使知道应该用提问的方法了，但是不知道怎么问才好；还有就是问题提出来了，但孩子的答案又是千奇百怪，无法和孩子形成互动，只是为了问问题而问问题，没有解决最初的目标——在提问中解决问题，培养能力，养成习惯。

那么家长为什么会有这些问题呢？

针对大家的反馈，我也进行了反思：为什么我能做到的，其他家长做不到呢？方法没问题，大家想培养孩子的愿望也没问题，问题出在哪儿？我仔细梳理了自己处理问题时的过程和思路，发现问题出在以下三点。正是这关键的三步，让很多家长没有迈过那道坎儿。

第一步，抓住教育的契机和时机，做个有心的家长。

首先家长要善于观察孩子，要能关注到孩子情绪和行为的变化，进而抓住教育的契机。其次，不错失教育的契机。有的家长关注到了教育的机会，但着眼点放在问题的解决上，而忽略了对孩子能力的培养，从而错失了教育的契机。最后就是选择并抓住合适的教育时机。古人教子有七不责，值得我们借鉴。七不责里包括：对众不责，在大庭广众之下，不要责备孩子，要在众人面前给孩子以尊严；愧悔不责，如果孩子已经为自己的过失感到惭愧后悔了，大人就不要责备孩子了；暮夜不责，晚上睡觉前不要责备孩子，此时责备他，孩子带着沮丧失落的情绪上床，要么夜不成寐，要么噩梦连连；饮食不责，正吃饭的时候不要责备孩子，这个时候责备孩子，很容易导致孩子脾胃虚弱；欢庆不责，孩子特别高兴的时候不要责备他，人高兴时，经脉处于畅通的状态，如果孩子忽然被责备，经脉就会立马憋住，对孩子的身体伤害很大；悲忧不责，孩子哭的时候不要责备他；疾病不责，孩子生病的时候不要责备他，生病是人体最脆弱的时候，孩子更需要父母的关爱和温暖，这比任何药物都有疗效。

　　万事开头难，我们先掌握了教育的契机，并能抓住教育的契机，就完成了第一步。第一步顺利迈出，接下来就是要控制情绪。

　　第二步，重视孩子，做个耐心的家长。

　　教育的契机，其实是伴随着孩子问题来的。孩子是我们最爱的宝贝，所以我们在面对孩子的问题的时候，通常是焦虑、着急、不淡定，所谓"爱之深，恨之切"，就是我们的真实写照。

　　为什么我们对周围不是很亲密的领导同事能够和颜悦色，对亲戚朋友同学可以无底线包容，却唯独对自己的孩子不耐烦？最主要的原因是什么？试想一下，如果孩子在你心里是最重要的人，培养孩子是你最重要的事业，那么无论发生什么事，你第一想到的会是什么？你会怎么做？每个家长都会说，我最爱我的孩子，工作、同事、亲朋、好友都没有我的孩子重要。但实际上，你在发脾气的瞬间，你在简单粗暴地对待孩子的时候，你把孩子排在了最后，因为这时你的情绪最重要，你的感受最重要。所以从根本上来讲，是你没有把孩子当成最重要的事。只有你把孩子放在最重要的位置上，把孩子的感受放在最重要的位置上，你的情绪和行为才会因此发生改变。所以你的意识决定了你的态度，而态度决定你的情绪，你的情绪决定了你的语言，你的语言决定你的行为，你的行为养成你的习惯，你的习惯形成你的性格，你的性格决定你的命运。也就是说孩子在家长心里的战略地位很关键，但是只有战略上的重视还不够，在具体战术上还应该提升自己的情绪管理能力，这样，其他问题就迎刃而解了。在我的上一本和这本书中都有一些方法，大家可以自己去感悟。当然，以后我也会陆续跟大家分享我的心得体会。

抓住教育的契机，并控制好自己的情绪，才能运用自己所学的方法和知识，对孩子实施家庭教育。

第三步，做个用心的家长。虽说能够做到前两步已经是非常棒的家长了，但对具体方法的学习和实践，对教育规律的了解，以及对孩子身心发展规律等基本知识的学习和积累也是非常必要的。在我的这两本书中有很多这方面的分享，大家可以自己去感悟。当然，最重要的一点，身教重于言传，父母的成长是永恒不变的最好的方法，父母的一点点改变就能带来孩子巨大的变化。孩子每天都在成长，所以父母的学习、提升也是无止境的，父母应该伴随孩子一起成长！

2017年7月本书完稿，同时果果也小学毕业了！这本书既是我俩共同的成果，也算是孩子成长道路上一个小小的里程碑，这之后等待果果的将是新的起点、新的生活，果果已经整装待发，准备拥抱更美好的明天！我始终觉得，用文字把这些故事记录下来，对于我和孩子、对于家庭，也是一份宝贵的纪念品。在此，我还要特别感谢我的爸爸妈妈，感谢我的孩子，感谢我的老公，感恩我们生活在一个充满爱心的家庭里面。

最后，期待每个孩子都能快乐成长，每个家庭都能幸福安康！

果果小学毕业了

——致我的宝贝!

你在妈妈肚子里,十个月,
满载着妈妈的期待喜悦,
然后你来到了这个世界。

你在妈妈怀抱里,两三年,
满载着妈妈浓浓的爱意,
然后你感知到了这个世界。

你在妈妈手心里,七八年,
满载着妈妈的碎碎叨叨,
然后你认识了这个世界。

你在妈妈视线里,多说也就十八年,
满载着妈妈的叮咛嘱托,
然后你了解了这个世界。

余下几十年,你会在妈妈的耳朵里……

满载着妈妈的期待祝福，

然后你融入了这个世界！

无论你跟这个世界如何，我只想说，

从你出现在我的生命里开始，

我就一直爱你！